AF285624

Für alle, die mal müssen

MIX
Papier aus verantwortungsvollen Quellen
Paper from responsible sources
FSC® C105338

FSC®
www.fsc.org

Klo- und Pinkel-Knigge

2100

Vom privaten und öffentlichen Bedürfnis – Umgangsformen im Tabu-Bereich

Horst Hanisch

© Zweite Auflage 2015 by Horst Hanisch, 53173 Bonn

© Erste Auflage 2012 by Horst Hanisch, 53173 Bonn

Gelistet im Katalog der Deutschen Nationalbibliothek.

Der Text dieses Buches entspricht der neuen deutschen Rechtschreibung.

Die Verwertung der Texte und Bilder, auch auszugsweise, ist ohne Zustimmung des Autors urheberrechtswidrig und strafbar. Dies gilt auch für Vervielfältigungen, Übersetzungen, Mikroverfilmung und für die Verarbeitung mit elektronischen Systemen.

Die Ratschläge in diesem Buch sind sorgfältig erwogen, dennoch kann eine Garantie nicht übernommen werden. Eine Haftung des Autors und seiner Beauftragten für Personen-, Sach- und Vermögensschäden ist ausgeschlossen.

Aus Gründen der einfacheren Lesbarkeit wird auf das geschlechtsneutrale Differenzieren, zum Beispiel Mitarbeiter/Mitarbeiterin weitestgehend verzichtet. Entsprechende Begriffe gelten im Sinne der Gleichbehandlung für beide Geschlechter.

Idee und Entwurf: Horst Hanisch, Bonn

Lektorat: Alfred Hanisch, Bonn; Annelie Möskes (ab 2. Auflage)

Layout und Gestaltung: Guido Lokietek, Aachen; Horst Hanisch, Bonn

Umschlaggestaltung: Christian Spatz, engine-productions, Köln; Horst Hanisch, Bonn

Fotos: Umschlag: istockphoto.com; Fotos, wenn nicht anders angegeben und Zeichnungen: Horst Hanisch, Bonn

Herstellung und Verlag: BoD-Books on Demand, Norderstedt

ISBN-13: 978-3-8423-7156-9

Klo- und Pinkel-Knigge

2100

Vom privaten und öffentlichen Bedürfnis – Umgangsformen im Tabu-Bereich

Horst Hanisch

Foto: 25 hours Hotel The Goldman, 60314 Frankfurt

Inhaltsverzeichnis

Vorwort

Jeder tut's ...

Ich war auf der Toilette.
Herbert Wehner, dt. Politiker, in einem Interview des NDR
(1906 - 1990)

... aber kaum einer spricht darüber

Angenommen, Sie gingen einmal täglich zum ‚großen Geschäft', dann haben Sie nach einem Durchschnittsleben von 75 Jahren 365*75 = 27.375 mal ‚gesessen'.

Angenommen, Sie sitzen pro Aktion 5 Minuten, so sind das immerhin 136.875 Minuten im Leben, was wiederum 2.281,51 Stunden bzw. etwa 95 Tagen entspricht. Wohlgemerkt 24 Stunden an einem Tage, lesend, drückend, erlösend, ohne jegliche Pause! Übrigens: Andere Quellen vermuten sogar das Doppelte der Zeit.

Und das betrifft die Masse der Menschen, also sozusagen mehr oder weniger jeden. Tag für Tag oder auch Nacht für Nacht, denn das ‚kleine Geschäft' ist dabei gar nicht eingerechnet.

Also – insgesamt nicht nur eine beachtliche Zeit, sondern auch eine notwendige Notwendigkeit. Abgesehen davon: Mir fiel als Jugendlicher beim Lesen einiger Winnetou-Romane auf, dass die Helden stundenlang auf dem Rücken edler Pferde verbrachten, ohne mal eine notwendige ‚Pinkel-Pause' einzulegen. (Und wie machen die das heute im Weltall?)

Höchste Zeit, dass hier endlich mal über dieses Thema geschrieben wird. „Wer braucht dieses Buch?", mögen Sie sich fragen. Meine Antwort: Eigentlich niemand, aber lesenswert ist es trotzdem!

Wenn Sie sich darauf einlassen, solch ‚drückendes' Thema mit leichtem Schmunzeln zu lesen, lässt sich erkennen, wie umfangreich, aufschlussreich und tiefsinnig dieser delikat wirkende Bereich sein kann.

Begleiten Sie uns zu dem Ort, zu dem der Kaiser zu Fuße geht, an dem Sie ‚kleine Königstiger' treffen, an dem unzählige Liebesromane verschlungen und zahllose abgegriffene und zerfledderte Klatschblätter auf Sie warten.

Bei der Recherche zu diesem Buch stellten sich viele, dem Autor unbekannte und überraschende Erkenntnisse dar.

So berichtete ein Facharzt, dass er bei der Voruntersuchung zu einer Darmspiegelung erkennen kann, ob er einen Rechtsbzw. Linkshänder vor sich hat, anhand der Hautbelastung dort, wo das Toilettenpapier reinigend eingesetzt wird.

Viele haben vergessen, dass es das klassische, sanfte, vierlagig flauschige Toilettenpapier vor 100 Jahren für die Mehrheit der Menschen noch gar nicht gab.

Dafür gibt es, zum Beispiel in Japan, angenehme lauwarme Wasserspülungen nach der abortualen (das ist natürlich ein Kunstwort) Verrichtung.

Andererseits gab/gibt es in Wüstenregionen weder gebleichtes Papier noch reinigendes Wasser, so dass Wüstensand (mit der linken Hand eingesetzt!) verwendet wird.

Ist Ihnen beim Besuch mittelalterlicher Burgen und barocker Schlösser aufgefallen, dass es weder eine Gästetoilette noch ein eigenes Bad gab?

Wurden Sie, bei Reisen in einige südeuropäische oder weiter entfernte Länder beim Betreten der WC-Kabine schon mal mit einem einfachen Loch im Boden konfrontiert? Und nun?

Liebe Leserin, lieber Leser, nun wurden bereits einige Punkte angesprochen, die im vorliegenden Buch beleuchtet, besprochen und/oder erklärt werden. Sollten Sie über zusätzliche passende Fotos oder wertvolle Informationen, fundierte Ergänzungen verfügen, würde ich mich sehr freuen, wenn Sie mir diese zur Verfügung stellten.

Ich wünsche Ihnen beim Durchblättern und Lesen viel Vergnügen, neue Erkenntnisse, aber auch eine Bereicherung zu den Verhaltensweisen rund um das Thema „Ich muss mal!"

Horst Hanisch

PS: Das gelesene Buch können Sie verschenken, ins Bücherregal zwischen anderen wichtigen Ratgebern einordnen oder auf Ihr Gäste-Klo zur lustigen Lebensbereicherung auslegen.

Interessant war nach Erscheinen der 1. Auflage, dass der eine oder andere meiner Bekannten eher skeptisch zu einem Buchtitel war, der sich mit dem Thema ‚Toilette' auseinandersetzt. Das schien ihnen schon etwas ‚anrüchig'. Ein Fachmagazin für den Bereich Management wollte sogar keine Werbung für diesen Titel schalten. Etwas, was mit dem Thema ‚WC' zu tun hat, passt wohl nicht in die Geschäftswelt. Nun gut.

Auf der anderen Seite gab es eine sehr große Anzahl positiver Rückmeldungen. Wurde der Titel erstmals gelesen, entstand häufig ein lustiges und überraschtes Auflachen. Neugierde zeigte sich unmittelbar, was es wohl mit einem Buch namens Klo-und pinkel-Knigge auf sich habe.

Tatsächlich ist mir dieses Buch zweimal in Wasch-Räumen begegnet, sozusagen als Klo-Literatur.

Es ist nach wie vor Ihre Entscheidung liebe Leserin, lieber Leser, was Sie mit der vorliegenden Unterlage tun. Jedenfalls haben wir die aktuelle Auflage mit vielen Ergänzungen und Informationen gefüllt. Genießen Sie Ihre Zeit im Themenbereich „Wo kann ich mir hier die Hände waschen?"

Horst Hanisch

Kapitel 1 – Historisches

Historischer Rückblick

Geld stinkt nicht –

Pecunia non olet – Geld stinkt nicht.
Redewendung ab Zeiten Titus Flavius Vespasianus, röm. Kaiser
(9 - 79)

– Fäkalien schon

Wussten Sie, dass angeblich mehr als ein Drittel der Weltbevölkerung überhaupt keinen Zugang zu einer Toilette im weitesten Sinne hat? Büsche, Bäume, Felsvorsprünge oder der einfache Savannen-, Wüsten-, Eis- oder Felsboden genügt.

Jemand muss es machen

Die Inderin Kela ist sich nicht zu schade dafür, menschliche Ausscheidungen aus Gruben zu entfernen. Ein paar Rupien muss sie zum Überleben verdienen. Es wird geschätzt, dass die Hälfte der indischen Bevölkerung keine richtige Toilette benutzen kann. 600.000 Menschen sterben jährlich aufgrund der menschlichen Verunreinigungen an Diarrhöe oder Cholera. Das Wasser in Brunnen und Bächen wird verdorben. Eine Messe namens ‚Toilets are beautiful‘ findet an verschiedenen Orten statt, um den Indern ‚Geschmack‘ auf Toiletten zu machen.
(Quelle The Jakarta Post, 06.08.2014)

Mangelnde Hygiene – Ein Grund, den Partner zu verlassen?

Der Spiegel 13/2012 schreibt einen schönen Bericht über ein ‚sauberes‘ Thema:

Wie das in vielen Regionen Indiens so ist: Die Eltern von Anita Narre suchten einen passenden Ehemann für ihre Tochter. Und sie fanden einen. Anita traf Shivram einmal vor der Hochzeit und war mit ihrem neuen Ehemann einverstanden. Dann wurde geheiratet und Anita zog ihn die Wohnung ihres Mannes. Genauer gesagt eine Hütte. Wasser wurde aus einem Brunnen geholt. Aber – es gab keine Toilette! Weder in noch an der Hütte, noch nicht einmal im kompletten Dorf. Anstelle dessen wurde ein Feld genutzt. Halbe-halbe für Frauen und Männer. Anita stellte ihren Ehemann vor die Wahl: Entweder eine Toilette – oder sie würde ihn verlassen. Shivram sträubte sich; Anita ging. Also baute er schließlich widerwillig eine Toilette, die fast zwei Monatslöhne verschlang. Anita kam zurück und war einverstanden. Ende gut – alles gut? Noch nicht. Denn nun wollten auch alle anderen Ehefrauen eine Toilette haben. Eine kleine Revolution in diesem kleinen indischen Dorf mit einem guten Ergebnis. Nach einem halben Jahr gab es bereits etwa 100 Toiletten. Wenn das mal kein Erfolg war, liebe Anita. Bravo!

Die alten Römer

Die alten Römer bezeichneten den Ort, an dem sie ihre ‚Notwendigkeiten' klärten, also ihre Notdurft, ihr dringendes wie drängendes Bedürfnis verrichteten, als locus necessitatis, als Ort der Notdurft. Bis Vespasian war die Benutzung der öffentlichen Bedürfnisanstalten kostenlos. Da der Senat wieder einmal in Geldnot war, verkam er auf die Idee, Eine Benutzungsgebühr zu erheben. Die Mitglieder des Senats versuchten sich zu widersetzen, doch Vespasian überzeugte sie mit dem Spruch „Pecunia non olet" = Geld stinkt nicht. Der Senat wurde überzeugt und die Gebühr wurde für alle Zeiten eingeführt.

Der Vorsitzer

Im „Alten Rom" war es auch im Winter kalt. Deshalb hatten so genannte „Vorsitzer" in einigen öffentlichen Bedürfnisanstalten während der Zeit des Nichtbenutzens der Sitz-Klos, auf den Klos zu sitzen und sie für die zahlenden Benutzer warmzuhalten.

Römische Latrinen hatten bis zu 80 Sitzplätze. Es gab keine Trennung für Mann und Frau.

Locus, der Ort; heute Lokus. Nach wie vor ist die Bezeichnung „das stille Örtchen" in Gebrauch.

Klo

Obwohl der Begriff Klo von Closet kommt, findet er sich lustigerweise im Wort Kloake wieder. Kloake, der Abwasserkanal.

Obgleich reiche Römer bereits Toiletten besaßen und besetzten, gab es für die Masse der Bevölkerung öffentliche Latrinen. Durch Regenwasser oder Wasser von den Aquädukten wurden die Fäkalien in Abwasserkanäle gespült, eben in die Kloaken. Bereits 2.800 Jahre vor Christus soll es in Mesopotamien Kloaken gegeben haben.

In Rom mündete die so genannte große Kloake in den Fluss Tiber. Gut vorzustellen, welch ein Gestank, besonders an heißen Tagen, dort geherrscht haben muss. Um die Kloaken von Ablagerungen frei zu halten, wurden spezielle Sklaven, canalicdae, eingesetzt.

In anderen Dörfern oder Städten wurden die Fäkalien in Senkgruben geleitet. Ihr Inhalt konnte als Dung verwendet werden.

Toilette

Toilette, aus dem Französischen ‚toile‘ von Tuch; das Tuch zur Abschirmung gegen Blicke. Im Wort Toilette steckt also der französische Ursprung. Mit diesem Tuch schirmte sich der Verrichtende von den anderen ab. Das aufgehängte Tuch schützte vor neugierigen Blicken, die auch heute noch auf der Toilette unerwünscht sind.

Das hängende Tuch findet sich im Mittelalter in den Burgen wieder, dort häufig als aufgehängter, schwerer Teppich.

Es sollte also ruhig und ungestört zugehen. Der Mensch wollte privat und vertraulich sein Geschäft verrichten. Also ‚privet‘ (frz. für privat, vertraulich), deshalb auch Privet genannt. Und da sich der Nutzer dorthin zurückziehen muss (frz. ‚retirer‘) auch Retirade genannt. Es gab auch die Bezeichnungen Secret und Commodité.

Abort

Wenn ich mich von den anderen zurückziehe, um privat zu sein, trete ich sozusagen ab bzw. aus, aus der Gruppe der Zusammensitzenden. Daher Austritt (Austreten). Und schon befinde ich mich abort, auf dem Abort (lat. Abortus für entschwinden). Abort steht übrigens auch für eine Fehlgeburt oder einen Schwangerschaftsabbruch. Das Wort Abort kommt wahrscheinlich von ‚af ort', was abgelegener Ort bedeutet. Hier kommt die Bedeutung der Toilette deutlich näher.

Abtritt

Tja, wer seinen Bedürfnissen auf dem ‚stillen Örtchen' nachgehen musste, der ist sozusagen vorübergehend ‚abgetreten'. Er ist auf dem Abtritt.

Und tatsächlich findet sich dieser Begriff als Toilette wieder. Der bewegliche Abtritt, eine mit dem Fuß zu betätigende Metallkonstruktion, entließ die Fäkalie anschließend in die Kanalisation.

Zu Beginn des 19. Jahrhunderts, in den 1820er Jahren, erfand das Pariser Unternehmen Gazeneuve et Companie den beweglichen Abtritt. Damit war die extreme Geruchsbelästigung auf simple Weise entsorgt. Abtritte ähnlicher Art verwendete die Bundesbahn noch bis lange im 20. Jahrhundert.

Diese Erfindung wurde im Palais Leuchtenberg vom Münchner Architekten Leo von Klenze (1784 – 1864) eingebaut.

1820 gab es im Bad Homburger Schloss die erste Toilette mit Wasserspülung. Ein gusseiserner Spülkasten lässt diese Vermutung zu. 1860 wurde dann eine weitere der ersten Toiletten mit Wasserspülung in Coburg im Schloss Ehrenburg eingebaut; aus England importiert. Auftraggeberin war Queen Victoria (1819 – 1901), die oft nach Coburg zu Besuch kam. Sie alleine durfte diese Toilette benutzen, so wird erzählt.

Latrine

Die Latrine (lat. latrina) auch forica genannt, war für die Öffentlichkeit bestimmt. Dort saßen die Benutzer nebeneinander, teilweise auf Marmorsitzen und gingen auch Geschäftlichem nach. Deshalb auch heute noch die Bezeichnung ‚großes oder kleines Geschäft machen'.

Größtenteils war die Benutzung der Latrinen kostenpflichtig. Eben – Geld stinkt nicht. Im 4. Jahrhundert nach Christus sollen allein in Rom etwa 150 öffentliche Latrinen eingerichtet gewesen sein.

Anstelle von Klobürsten wurden an Hölzern Blätter oder Schwämme befestigt. Bekannterweise waren die Römer militärisch weit unterwegs. Mit riesigen Heeren wurde ins feindliche Nachbarland gezogen. Dort wurden Kastelle gebaut und sogar zahlreiche Städte gegründet.

Die römischen Verantwortlichen hatten sehr wohl erkannt, dass Hygiene und Gesundheit in direktem Zusammenhang standen. Deshalb wurden überall Latrinen aufgebaut. Weit im

Norden gab es im Kastell Housesteads am Hadrianswall eine heute noch bekannte Mannschaftslatrine. Diese war so gut ausgelegt, dass die Fäkalien mit Abwasser aus einem höher gelegenen Spülwasserbecken problemlos durch die Mauern des Kastells direkt in einen Graben geleitet wurden.

Latrinen beim Militär

Die Bezeichnung Latrine ist später beim Militär gebräuchlich und in den Garnisonen zu finden. Da sich hier die Soldaten trafen, fanden auch Gespräche miteinander statt. Klar, dass es schnell zu Gerüchten kam, die dann als Latrinenparolen oder Scheißhausparolen bezeichnet wurden.

Heutzutage wird der Begriff Latrinenparole dann verwendet, wenn nicht ernstzunehmende Aussagen gemeint sind. Da die Männer in Reihen nebeneinander saßen, ist die Bezeichnung Reihenklosett bekannt. In kriegerischen Situationen wurde auch einfach nur ein Balken quer ausgelegt und schon war der Donnerbalken erfunden.

Übrigens: Papst Julius I. ist der Schutzpatron der Latrinenreiniger.

Wasser-Toilette

Aus dem Englischen ist uns das Kürzel WC bekannt. WC steht für water closet, das Wasserklosett oder einfach Klosett. Hier versteckt sich die Silbe Klo. Im Wort ‚closet' steckt ‚close', was geschlossen, abgeschlossen oder getrennt heißt. So ist im US-Amerikanischen ein Closet (aus dem lateinischen clausum) ein kleiner Raum, oft als Stauraum genutzt oder auch als Zimmer, in das sich eine Person ungestört zurückziehen konnte. Also: Wer sich dorthin zurückzieht, will ungestört sein.

Der französische Begriff ‚toilette' ging auch ins Englische über als ‚toilet'. In den USA entwickelte sich die Bezeichnung ‚restroom'. In diesem Raum wurde einfach eine Rast, eine Pause eingelegt. To rest heißt auch ‚sich zurückziehen`, ‚eine Pause einlegen`, ‚sich ausruhen'.

Sir John Harington (1561 – 1612), ein englischer Dichter, gilt als Erfinder des Wasserklosetts im Jahre 1596. Er handelte dabei im Auftrage von Königin Elisabeth I (1533 – 1603).

Er baute diese Toilette in seinem Wohnsitz ein. Allerdings wollte die sonst niemand haben. Sie geriet in Vergessenheit.

Erst 1775 hatte sich der Engländer Alexander Cummings (1731/1733 – 1814) das Wasserklosett patentieren lassen. Durch den heute noch üblichen S-förmigen Siphon kann der Geruch nicht in den Raum zurückdringen.

O oder OO

In den besseren Hotels des 19. Jahrhunderts, gab es Toilettenräume auf den Etagen. Diese konnten von allen Gästen benutzt werden. Toiletten in den einzelnen Zimmern waren noch nicht üblich. Diese Toilettenräume wurden gerne in der Nähe von Treppenhäusern oder den ersten Aufzugschächten eingerichtet. Also an Stellen, in deren Nähe sich nicht unbedingt ein ruhiges Gästezimmer befand.

Um der Toilette eine Raumnummer zu geben – die anderen Hotelzimmer hatten ja eine fortlaufende Nummer, wurde die Zahl Null bzw. Doppelnull, also 0 bzw. 00 gewählt. Diese Bezeichnung ist  teilweise heute noch zu finden. 0 galt für das Bad, 00 für die Toilette. Diese Toilettenräume wurden von Frauen und Männern gleichermaßen benutzt. In der heutigen Zeit werden die Toilettenräume in der Regel geschlechtsgetrennt zur Verfügung gestellt.

WC-Pictogramme

 So haben sich im Laufe der Zeit Piktogramme, also kleine, allgemein verständliche Bildchen, durchgesetzt,   die auch dem Sprachunkundigen problemlos den Weg zu den ‚Räumlichkeiten' zeigt. Meist sind es ganz einfach die  Symbole für Frau und Mann, manchmal auch die Geschlechtersymbole, manchmal auch die ausgeschriebene Bezeichnung (Dame/Herr), die dem Sprachunkundigen nicht eindeutig sein muss.

Schon von weitem zu sehen. Lebensgroße Hinweise neben den Toilettenräumen in einem Kölner Sportstadion.

Hier eine Kachel und ein Gemälde als Toiletten-Tür-Schilder.

Oder so, wie in einer Köl-ner Szene-Kneipe.

Toiletten-Hinweise in Peru.

Toiletten, die von beiden Geschlechtern benutzt werden sollen, werden als Uni-Sex-Toiletten bezeichnet.

Vulgärbezeichnungen

Verständlicherweise gibt es auch eine Menge Vulgärbezeichnungen für die Toilette. So sind die Wörter wie Häuschen, Häusl, Schüssel oder Thron noch angemessen.

Interessanter wird es dann bei Schlodde, Schlotte, Hüdde, Bello, Boiler, Pott, Männerthron oder Kaiserthron, Kackstuhl, Kackbalken, Scheißhaus und sicherlich viele mehr.

Dann ist doch der Begriff Pipi-Lounge ansprechender. Oder?

Sitzklo oder Stehklo

Bei der Recherche zu diesem Buch fiel auf, dass „Toilette" wohl nicht einfach nur so „Toilette" ist. Der Fachmann unterscheidet zwischen Tiefspülern und Flachspülern (beides Sitzklos) sowie der Hocktoilette, auch Stehtoilette genannt. Letztere zeichnen sich durch ein eingelassenes Loch im Boden oder eine Ablaufrinne aus.

Beim Tiefspüler fallen die Ausscheidungen ins Wasser. Die Geruchsentwicklung ist gering, allerdings mag Wasser am Gesäß hochspritzen. Beim Flachspüler werden die Ausscheidungen erst durch das Abspülen entsorgt.

Mittelalter

Betrachten wir uns nun einmal das Thema Toilette im Mittelalter. Wenn auch das gemeine Volk, speziell die Landbevölkerung, andere Probleme als Hygiene beim Toilettengang hatte, sah es beim Klerus und beim Adel langsam aber sicher anders aus. Allerdings sehr langsam.

Aus dem Film ‚Schiller' (Regie Martin Weinhardt, 2005) in der Szene ‚Zimmersuche in Mannheim' heißt es: „Die Herren können aus dem Fenster urinieren."

WC-Türen-Beschilderung

Burgen

Ein Turm, eben der Abortturm, der über eine überdachte Brücke außerhalb der Burg zu erreichen war, wurde Dansker oder Danzker genannt, wahrscheinlich nach der Stadt Danzig. Der Turm selbst ist über einem fließenden Gewässer angebracht. So wurden die Fäkalien direkt ins Wasser entsorgt und damit gleich weggeschwemmt. Der Begriff Dansker ist erstmal 1393 nachweisbar.

In den Burgen selbst verwandelten sich die vorgehängten Tücher zu prächtig gewebten Teppichen. Nach innen in die Räume eine schöne Wandverkleidung, Schutz vor eindringender Kälte, zur Wand hin ein schönes Versteck für kleine Nischen.

Diese Nischen boten auf den mittelalterlichen Burgen und Schlössern die Möglichkeit, die Notdurft ungesehen zu verrichten. Durch Löcher in den Böden fielen die Ausscheidungen an der Außenmauer entlang nach unten.

Manchmal finden sich in der Höhe der Burgen auch vorgebaute Häuschen, Aborterker, so dass die Notdurft ‚sauber' nach unten gelangte.

Die meisten Burgbewohner unterzogen sich aber gar nicht solch großer Mühe. Hemmungslos wurde jede Raumecke, jede Durchfahrt, aber auch direkt jeder Korridor benutzt. Auch in den Höfen und den Parkanlagen boten sich schließlich genügend Möglichkeiten, um das Geschäft zu verrichten. Die Fäkalien trockneten oder versickerten im Boden.

Selbst in den Prunk-Schlossbauten des 17. und 18. Jahrhunderts war diese Vorgehensweise gang und gäbe. Kaum nachvollziehbar, wie es dort gestunken haben muss.

In den Schlafräumen selbst gab es für die Bessergestellten tragbare Stühle mit eingesetztem Nachttopf, so genannte Leibstühle, bekannt seit dem 18. Jahrhundert.

Foto: Hotel Schloss Rheinfels, St. Goar.

„Zurückversetzt in frühere Zeiten.“

Eine lobenswerte Ausnahme stellt wohl die Burg Eltz an der Mosel dar. Schon im 15. und 16. Jahrhundert gab es in den Schlafgemächern einen Toilettenerker, einen Aborterker, mit Regenwasserreinigung. So waren besondere Toilettenschächte eingebaut, durch die die Fäkalien mit Regenwasser nach außen gespült wurden.

„Er befreite sich behutsam und stand auf, trat ans Fenster und pinkelte hinaus." ‚Das Haupt der Welt' von Rebecca Gablé, Seite 482. Mit ‚Er' ist die Romanfigur Prinz Tugomir gemeint.

Nachttopf

Als noch das Toilettenhäuschen hinterm Haus benutzt werden musste, war es – verständlicherweise nachts – recht ungemütlich, sich aus dem warmen Bett nach draußen ins Kalte zu begeben. Deshalb wurde ein Betttopf, auch Nachttopf oder Nachtgeschirr genannt, unter das Bett gestellt, damit die Notdurft auch nachts entrichtet wurde. Sein Platz konnte auch im Nachttisch oder im Nachtschrank sein. Morgens wurde er dann geleert.

Hier berichtet ein erwachsender Sohn von seiner 1910 geborenen Mutter:

Im Jahre 1946/47 verbrachte meine Mutter einige Zeit in Merargue in der Nähe von Aix en Provence. Des Morgens standen die Frauen des Dorfes in gebührendem Abstand vor einer Sickergrube, um ihr Nachtgeschirr, größerer und kleinerer Dimension, zu entleeren. Wäh-

rend dieses Vorgangs sprach keine Frau mit der anderen. Meine Mutter sagte, dass sie noch nie einen Mann dort gesehen habe. Aber es gab sicherlich Ausnahmen! Vor dem Entleeren gingen die Frauen einen ganz bestimmten Weg bis zur Sickergrube. Danach gingen sie, ebenfalls in gebührendem Abstand wieder zurück ins Dorf.

So wurden ausgemusterte Küchentöpfe oder Blumentöpfe hierfür verwendet. Aber auch gekaufte Nachttöpfe aus Keramik, Steingut, Blech, später aus Glas oder noch später aus Kunststoff hergestellt. In manchen süddeutschen Gegenden und der Schweiz wird auch lediglich Topf gesagt oder auch Hafen oder Nachthafen. Studenten bezeichneten den Topf auch als Schiff, woher sich für das Urinieren der Begriff ‚schiffen' ableitet.

Sie können sich vorstellen, wie es in den Zimmern gerochen haben muss. Auch nach dem Entleeren am Morgen, blieben möglicherweise Reste im Topf, so dass die Infektionsgefahr ständig gegeben war.

In mittelalterlichen Städten wurden die Nachttöpfe übrigens einfach aus dem Fenster entleert. Passanten mussten ständig damit rechnen, dass Übelriechendes von oben auf sie herabplatschte. Die Straßen sahen dementsprechend aus – und waren auch für den Geruchssinn eine Herausforderung.

Die Franzosen nannten ihren Nachttopf ‚pot de chambre' (Topf des Zimmers). Aus diesem Wort gibt es in Süddeutschland und

Österreich die Ableitung Potschamberl. Vom Begriff ‚Scherben'
leitet sich die Wiener Bezeichnung ‚Scherm' ab.

Hier ein Nachttopf un-
term Bett. Darstellung
in der Grabeskirche Kol-
pings in Köln.

Ehgraben

Im Mittelalter verlief in
manchen Städten an der
Rückseite zwischen zwei
Häuserreihen eine Gasse
gelassen, der so genannte Ehgraben, auch Reule bzw. Reihe
genannt.

An der Rückseite der Häuser wurden die Abtrittserker ange-
baut, so dass die Fäkalien von dort direkt in den Ehgraben
herabfallen konnten. Der Ehgraben war eine offene Rinne, die
die Fäkalien aufnehmen konnte, von wo diese in irgendeinen
Wassergraben weiterlaufen sollten. Auch hier muss sich ein
fürchterlicher Gestank entwickelt haben, denn die Ehgräben
wurden teilweise erst nach mehreren Jahren gereinigt. An der
Häuserrückseite gab es deswegen meist auch keine Fenster.

In der Nähe der Gerber waren Fässer aufgestellt, in die direkt
gepinkelt werden konnte. Der Urin wurde in der Färberei zum
Gerben benötigt.

Bourdalou

Für die Damen gab es im 18. und 19. Jahrhundert den Bourda-
lou, auch ‚pot de chambre oval‘ genannt. Benannt sind die
Bourdaloue nach dem Pater desselben Namens Louis Bourda-
lous (1632 – 1704), der gerüchteweise sehr lange Predigten
hielt, wodurch es den anwesenden Damen erschwert war, ihre
Blase zu entleeren. Deshalb sollen sie sich von zu Hause Sau-
censchüsseln, Saucieren mitgebracht haben, in die sie unter
ihren rauschenden Röcken während der Predigt urinieren konnten.

In Manufakturen wurden dann die oben erwähnten Gefäße
produziert.

Im Bergwerk

Eben mal hinter einen Busch gehen, sollte ja kein Problem gewesen sein. Wie aber mit solchen Bedürfnissen in geschlosse-
nen Systemen umgehen? Zum Beispiel unter Tage – in einem
Bergwerk.

Anfangs benutzten die Bergleute stillgelegte Stollen oder Sei-
tenstollen. Dazu kamen gegebenenfalls die Ausscheidungen
der Grubenpferde. Grubenjungen mussten regelmäßig die Ex-
kremente entsorgen.

Das konnte auf die Dauer so nicht gut gehen. Allerdings wurde
erst im 19. Jahrhundert der Abortkübel (auch Bergmannsklo)
eingesetzt. Das war ein abschließbarer Behälter. Nach Benutzung wurden die Ausscheidungen mit Kalk bestreut.

Menschen, die ihre Ausscheidungen im Liegen vornehmen müssen, verwenden dazu eine Bettpfanne, auch Bettschüssel, Steck- oder Stechbecken oder Schieber genannt.

20. Jahrhundert

Und damit nähern wir uns der heutigen Zeit. Aber schauen wir mal relativ kurze 50 bis 100 Jahre zurück.

Klohäuschen/Plumpsklo

Nachdem die Fäkalien nicht mehr einfach aus dem Fenster auf die Gasse gekippt wurden, wurde  das Plumpsklo – eine Trockentoilette, da keine Wasserspülung – modern. Erst aus Holz, später aus Keramik. Die Ausscheidungen wurden in Sickergruben gesammelt. War diese voll, wurde das Häuschen ein paar Meter weiter aufgestellt. Daher auch die Bezeichnung des wandernden Plumpsklos. Später wurden die Gruben in regelmäßigen Abständen entleert, so dass das Häuschen an selber Stelle bleiben konnte.

Noch später wurde dort der Abtritt eingebaut, um allzu starke Geruchsbildung zu verhindern.

Der nächste Schritt bestand darin, mit etwas Wasser aus einem bereitstehenden Eimer oder einer zweckmäßigen, handelsüblichen Kanne nachzuspülen.

Oben: Plumpsklo und wie es früher mal drinnen aussah (Peru, Insel auf dem Titicacasee).

In Stadthäusern wurden schließlich WC-Räume eingerichtet, die von mehreren Mietparteien frequentiert wurden. Oft eine halbe Etage nach oben oder nach unten im Treppenhaus. Ein hochgehängter Wasserbehälter wurde mit einem Zug betätigt, um die Toilettenschüssel mit einer bestimmten Menge Wasser zu reinigen.

Der Wasserbehälter musste sehr hoch angebracht sein, damit das herunterlaufende Wasser mit hoher Geschwindigkeit und damit unter hohem Druck in das Becken schoss.

WC-Papier/Klo-Papier

Zeitungspapier wurde zu handlichen Stücken geschnitten oder gerissen und an einen Nagel aufgespießt oder einer Schnur aufgehängt. Alternativ dazu wurden die Blätter in ein Holzkästchen gelegt, das in guter Greifhöhe ‚im Sitzen' zu erreichen war.

1890 erschien in Groß-Britannien das erste Papier in perforierter Form auf Rollen.

Hans Klenk (3.4.1906 – 7.3.1993) gründete 1928 in Ludwigsburg die erste Fabrik zur Herstellung der Krepp-Papierrollen in Deutschland. Eine Rolle bestand damals aus 1.000 Blatt. Später wechselte das Unternehmen seinen Standort nach Mainz.

Aus den Anfangsbuchstaben des Gründernamens Ha und Kle wurde das Kunstwort Hakle, unter dem das Toilettenpapier bekannt wurde.

Erst 30 Jahre später kam das heute bekannte Tissue-Papier, aus den USA kommend, zum Einsatz. Bis dahin musste sich mit oben erwähntem Zeitungspapier beholfen werden.

Ein Zeitzeuge berichtet:

> *Die 1000-Blatt-Rolle hatten wir schon vor Einführung des Tissue-Papiers in Gebrauch. Da mussten wir nicht unbedingt, wohl aber freiwillig Zeitungspapier benutzen. Wir hatten in Weisenau (Stadtteil Mainz) vor dem 2. Weltkrieg bereits Hakle-Papier in Gebrauch. Es wurde wahlweise Zeitungspapier benutzt, weil Hakle sehr teuer war. Nach dem 2ten Weltkrieg gab es einige Jahre kein Toilettenpapier, weil es kein Papier gab. Da wurde wieder Zeitungspapier benutzt.*

In Deutschland werden Papierbahnen gefaltet, in anderen Ländern haben sich Einzelblätter durchgesetzt.

So wird in Groß-Britannien das Papier eher geknüllt verwendet und an anderen Orten dieser Welt wie ein Handschuh verwendet.

Wikibooks.org listet auf, dass der moderne Mensch im Laufe seines Lebens 3.651 Rollen Toilettenpapier verbraucht.

‚Mangelwirtschaft in Venezuela – Digitale Klopapiersuche'

Das lässt sich in hiesiger Kultur kaum nachvollziehen. Aber das südamerikanische Venezuela litt unter Toilettenpapiermangel. Und zwar monatelang. Deshalb hatte der Venezueler José Augusto Montiel die Idee, Toilettenpapier-Angebote per APP aufzuschnappen.

Venezuela plant 50 Millionen WC-Papier-Rollen zu importieren, die in kleinen Mengen abgegeben werden sollen. Militär soll den Verkauf überwachen, damit es zu keinen Ausschreitungen kommt.

(Quelle: Stuttgarter-Zeitung.de vom 11.06.2013)

WC-Papier-Rollen: Vorn herum oder hinten herum aufhängen?

Helen, Ehefrau von Alton Glenn Miller (US.-am. Jazz-Musiker 1904 – 1944) soll tatsächlich mit ihrem Mann darum gestritten haben, wie herum das Toilettenpapier aufzuhängen ist.

Wie wird das Toiletten-Papier richtig aufgehängt? Da es hier kein richtig oder falsch gibt, ist beides in Ordnung. Die meisten Menschen bevorzugen die Variante rechts.

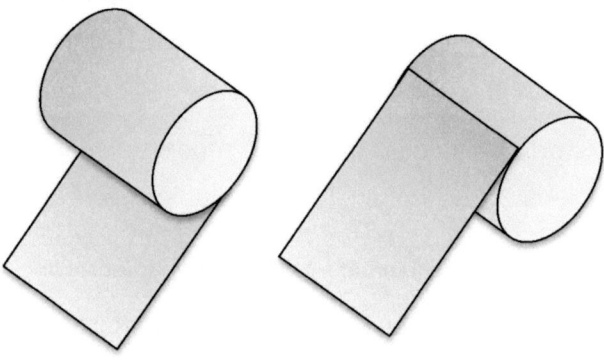

In der Hotellerie wird auch die rechte Variante bevorzugt. Sobald das Badezimmer gereinigt ist, werden die beiden unteren Enden des herabhängenden Papiers einmal (nach hinten) umgeknickt. Der Gast sieht so, dass die Toilette geputzt wurde.

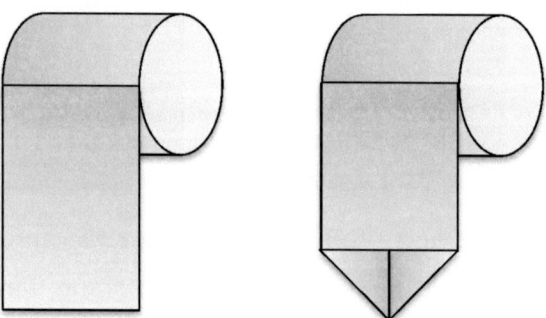

Öffentliche Bedürfnisanstalt

Menschen, die in Städten unterwegs waren, überfiel schon mal der Drang, sich entleeren zu müssen. Deshalb gibt es die Einrichtung der öffentlichen Bedürfnisanstalt.

So gab es in Paris das Vespasienne, benannt nach dem römischen Kaiser Vespasian.

So berichtet ein Leser:

> *Bei unserem letzten Besuch in Marseille (etwa im Jahre 2000) konnten wir die typische Pinkelwand sehen. An einer Mauer, sicherlich im öffentlichen Besitz, war eine mannshohe und wenigstens zwei Meter breite Fläche mit Bitumen (Teer) bestrichen. Die meisten, aber nicht alle, dieser Flächen, waren mit einem Blickschutz aus einem verzierten Metallblech versehen. Manche waren mit einem Wasserabfluss versehen. Da diese Pinkelwände nicht geruchsfrei sind oder waren, konnte man schon von weitem riechen, wo sich eine solche Mauer befand. Ich habe bei unserem Besuch in Marseille eine solche Mauer benutzt – am Eingang zum ehemaligen Zoo.*

Ein öffentliches WC, oft nach Geschlecht getrennt und ebenso oft nur gegen Gebühr zu benutzen, wurde an zentralen Plätzen oder an Bahnhöfen aufgebaut. Noch heute gibt es diese Einrichtungen zum Beispiel an vielen Autobahn-Raststätten.

Um 1900 gab es Bedürfnisanstalten, die zwischen 1. und 2. Klasse unterschieden.

Von der öffentlichen Bedürfnisanstalt zur Miet-Toilette

Bei Großveranstaltungen in Innenstädten oder großen Parks mit mehreren tausend Besuchern, ergibt sich ganz schnell die Notwendigkeit, einmal austreten zu müssen. Doch wo ist die nächste Toilette? Lange Warteschlangen? Zu teuer, um ein Wasser abzulassen? Na, dann nix wie in die nächste Häuserecke oder hinter das nächste Gebüsch. Dass das weder den Anwohnern noch den Gebüschen auf die Dauer gut tut, ist nachvollziehbar. Deshalb gibt es auf manchen Großveranstaltungen das Verbot, öffentlich zu urinieren.

Pinkelpolizei

So ist an den Karnevalstagen in Köln eine Art Pinkelpolizei unterwegs. Ein Begriff, den die Kölner Polizei vielleicht nicht gerne hört. Aber um das wilde Urinieren zu unterbinden, ist eine zweistellige Zahl Ordnungshüter unterwegs. Wird jemand in flagranti erwischt, kostet das ein ordentliches Bußgeld. So berichtete DW-World.de der Deutschen Welle am 6.2.2002, dass an den Karnevalstagen allein 160 Liter Urin in das Fundament des Doms fließen – täglich! Auch alle Winkel des Hauptbahnhofs würden mit Kameras überwacht.

Miet-Toilette

Mit anderen Worten: Suchen Sie eine der vielen Miet-Toiletten auf! Ein verantwortliches Event-Management sorgt für genügend mobile Toiletten während der Veranstaltung. So hat sich schon eine große Zahl Unternehmen wie Miet-Klo, Clasen-Toilette, Toi-Toi, Dixi-Klo und andere auf diesen Service eingestellt.

Von einfach aufgestellten Einzelkabinen bis hin zu luxuriös ausgestatteten Toilettenwagen reicht das Angebot.

Anlässlich des Papstbesuchs in Deutschland im September 2011 sollen bei einer Veranstaltung ca. 1.500 mobile Toilettenhäuschen aufgestellt worden sein.

(Quelle: Aktuelle Stunde im September 2011)

Luxus-Klo/VIP-Klo

Oft wird sich darüber aufgeregt, dass die Toilettenanlagen, zum Beispiel in Kaufhäusern, sehr ungepflegt und unhygienisch wirken. Zwar steht am Ausgang ein Tellerchen, in dem Münzen gesammelt werden, eifrig bewacht von der Toiletten-Frau oder dem Toiletten-Mann. Aber gleichzeitig sind die WC-Schüsseln beschmiert, der Boden feucht. Das trifft natürlich nicht auf alle öffentlich zugängigen Toiletten zu. Manche sind wirklich sehr gepflegt und hinterlassen fast schon einen peinlich gereinigten Raum.

Toilettenraum mit Waschbecken in einem 6-Sterne Hotel. Die Armaturen sind vergoldet.

Wer es ganz edel mag, kann sich eine VIP-Toilette aussuchen, wie zum Beispiel im Kaufhaus Harrod's in London. Mit beruhigender Musik, auf edlem Porzellan, mit Stoffhandtüchern und unter ständiger Betreuung (natürlich nicht in den Kabinen) durch geschultes und freundliches Reinigungs-Personal. Hier könnte behauptet werden, dass der Gang zur Toilette zu einem besonderen Erlebnis wird.

Luxuriöse Einrichtungen auf dem stillen Örtchen

Im Magazin TOPHOTEL 7-8/2015 ist eine Reihe luxuriöser Funktionen moderner Toilettenschüsseln aufgelistet. Hier eine kleine Auswahl:

- Beheizbare Sitze
- Geruchsfilter
- Gesäßdusche
- Ladydusche

- Massagestrahl
- Trocknung
- Nachtbeleuchtung

Kapitel 2 – Umgang auf der und rund um die Toilette

Toilette gesellschaftlich und im Business

Für kleine Königstiger

Ich kann mir nicht vorstellen, dass es einen Menschen gibt,
der nicht immer neue Bedürfnisse hat.
Ludwig Erhard, dt. Bundeskanzler
(1897 - 1977)

Wo kann ich mir hier die Hände waschen?

Für viele Menschen scheint die Frage nach dem WC eher peinlich zu sein. Dass es nicht heißt „Wo issn hier das Klo?", das
wissen die meisten. So kommt es gerne zu lustigen Umschrei-
bungen. „Ich bin mal da, wo der Kaiser zu Fuß hingeht." Oder
„Ich gehe mal dorthin, wo der Kaiser sein Recht verliert."
Uralt: „Wo kann ich mir hier die Nase pudern?" Für kleine
Machos: „Wo geht's denn hier für kleine Königstiger?" Aber wie
lautet die richtige Frage danach? Nun, die Frage heißt schlicht
und einfach „Wo kann ich mir hier die Hände waschen?" Pech,
wenn Sie in einen Raum mit Waschbecken und mit sonst nichts
geschickt werden.

Die Toilettenräume

Da es für viele tatsächlich peinlich erscheint, nach den Toilettenräumen zu fragen, beleuchten wir hier einen nicht zu ver-
gessenden Punkt, aber leider trotzdem ein oft vergessener:
Der Hinweis auf die Toilettenräume. Stellen Sie sich vor: Ihr
Gast hat eine längere Anfahrt hinter sich. Sie begrüßen ihn
freundlich und korrekt. Im Anschluss laden Sie Ihren Gast zu

einem Rundgang durch Ihr Unternehmen ein und geben hier und dort erklärende Informationen. Schließlich erreichen Sie das Besprechungszimmer, offerieren Ihrem Gast ein Getränk und setzen sich zum Gespräch nieder. Das Gespräch selbst mag eine Stunde dauern ... Könnte es sein, dass Ihr Gast ein ‚Bedürfnis' hat? Vielleicht traut er sich nicht zu fragen, um den Besuchsablauf nicht zu unterbrechen. Können Sie sich in die Situation Ihres Gastes versetzen? Können Sie sich vorstellen, dass dieser sich gar nicht hundertprozentig auf das Gespräch konzentrieren kann? Und wie verhalten Sie sich richtig? Nachdem Sie Ihren Gast willkommen hießen, weisen Sie ihn auf die Toiletten hin. Zum Beispiel so: „Falls Sie sich die Hände waschen wollen; dort finden Sie die Waschräume."

Wobei Sie in die entsprechende Richtung deuten. Wenn Ihr Gast die Toiletten aufsuchen will, kann er das nun tun. Sagen Sie dann sinngemäß: „Ich warte dort drüben am Empfang auf Sie."

Ihr Gast muss so nicht das Gefühl haben, dass Sie – ungeduldig vor der Toilettentür stehend – auf ihn warten. Selbst wenn Ihr Gast die Toilette nicht aufsuchen will, weiß er aber wo sie zu finden ist. So kann er ohne Probleme auch vor Verlassen des Gebäudes – ohne Nachfragen – dorthin finden.

Chef treffen auf dem Klo

„Ach du lieber Himmel, auch das noch! Der Chef auf dem Klo. Was mache ich nun bloß?" Tatsächlich ist es so, dass das Verhalten im Sinne der Umgangsformen in den Toilettenräumen anders ist als an vielen anderen Orten. Nämlich so: Es wird getan, als würde der andere gar nicht wahrgenommen. Was gerade noch möglich ist, wäre die Eingangstür zu den Waschräumen aufzuhalten, wenn gerade einer in die andere Richtung will. Im Bereich der Toilettenräume herrscht sozusagen Privatatmosphäre. Andere werden nicht be- oder gegrüßt, schon gar nicht mit Handschlag. Es findet in aller Regel auch keine Konversation statt. Also, verrichten Sie schweigend die Tätigkeiten, die Sie gerade umsetzen; Hände waschen, kämmen, nachschminken oder anderes.

Hygiene – nur ein Fremdwort?

Leider gibt es immer wieder Berichte, dass sich Menschen nach Benutzung der Toilettenräume die Hände nicht waschen. „Ich habe ja gar nichts angefasst", ist oft die Ausrede. Dass sich tatsächlich – und gerade in Toilettenräumen – unsagbar viele Bakterien befinden, daran scheint gar nicht gedacht zu werden. Viele Türgriffe sind Überträger dieser für uns nicht sichtbaren Bakterien, wie aber auch Griffe an Haltstangen, Abspültasten, Wasserhähnen usw. Also, nicht nur, um etwa eigene Keime zu entfernen, sondern auch um möglichst keine andere an sich herankommen zu lassen: Intensiv die Hände waschen und dabei nicht auf Seife verzichten; besonders zwischen den Fingern und an den Fingerspitzen.

Der Hygienedienstleister Rentokil weltweit befragte 6.000 Büroangestellte im Alter von 18 – 65 Jahren (GA 22.11.2013) und fand heraus.

- In Deutschland verbringt ein Angestellter 46 Stunden pro Jahr auf dem Firmen-WC; Männer brauchen dort 8 Stunden mehr als Frauen
- 3,6 Prozent blättern in Papieren
- 39 % waschen sich nach WC-Besuch nicht immer die Hände

Und ergänzend vom Marktforschungsinstituts Opinion Matters (Focus Online vom 18.11.2013)

- Jeder 9te (11,5 %) nimmt sein Smartphone zur Benutzung mit
- Jeder 14. surft auf dem WC = 7,2 Prozent.

Hier berichtet eine Mutter von ihren Erfahrungen zum Thema Hygiene in Toiletten-Räumen:

So war ich mit meiner Tochter in Frankreich; wir haben uns dort in sechs verschiedenen Städten die Unis angesehen. Dazu gehörte auch der von uns, intern so genannte „Klo-Test", das heißt, wir haben an jeder Uni die entsprechenden „Örtlichkeiten" aufgesucht, weil ich der Meinung bin, dass so ein „Hygiene-Faktor" auch ein wichtiger Grund ist, der einiges über die Qualität einer Institution aussagt. Es gab wirklich eine Uni, an der wir uns nicht vorstellen konnten, dass Isabel dort an entsprechenden Stellen „Platz nehmen" würde ...

Klobürste

Bedauerlicherweise sind beim Besuch von Toilettenkabinen immer wieder mal so genannte Bremsspuren des Vorgängers vorzufinden. Eklig! Nach Benutzung der Toilettenschüssel und spätestens nach dem Abschwenken genügt ein Blick in die Schüssel, um die Sauberkeit zu überprüfen. Sind Reste geblieben, dann eben mit der Toilettenbürste nachreinigen. Das sollte kein Problem darstellen und der nächste Benutzer muss sich nicht ekeln.

Gäste-WC

Sie mögen zuhause ein Gäste-WC haben. Sorgen Sie dafür, dass dieses picobello sauber ist, so dass Sie Besucher ungeniert dorthin lassen können. Achten Sie darauf, dass immer eine gut gefüllte Rolle Toilettenpapier vorhanden ist und eine Ersatzrolle in greifbarer Nähe steht. Ob Sie Papierhandtücher oder Baumwollhandtücher aufhängen, bleibt natürlich Ihrem Geschmack überlassen. Im Falle von Stoffhandtüchern sind diese immer sauber und gereinigt. Mancher legt auch Einmal-Stoffhandtücher bereit. Das heißt, dass diese Handtücher nach einmaligem Gebrauch in die Schmutzwäsche wandern. Also warten mehrere sauber gestapelte Handtücher auf ihren Einsatz.

Gebrauchte Papierhandtücher gehören in einen sauberen Abfalleimer. Ein eingespannter Klarsichtbeutel verhindert, dass sich im Eimer selbst unangenehme Schmutzreste sammeln. Für gebrauchte Stoffhandtücher steht ein Korb bereit. Manche Gäste wissen nicht, wohin mit den gebrauchten Tüchern. Erwarten Sie mehrere Gäste, können Sie eines der Tücher in den Korb legen, damit die anderen Gäste wissen, dass der bereitstehende Korb hierfür gedacht ist. Ob Sie einen Seifenspender oder ein Stück Seife bereithalten, bleibt Ihrer Entscheidung überlassen. Seifenspender sind immer aufgefüllt. Die Seife ist groß genug, um nicht als Restchen angesehen zu werden und schwimmt nicht in einer Pfütze Wasser! Die Lichtquelle ist hell genug, damit sich eine Dame eben nochmal nachschminken kann. Der eine oder andere will prüfen, ob Essensreste zwischen den Zähnen festsitzen. Wer seinen Gästen Gutes tun will, stellt einige Watte-Pads und ein Fläschchen Parfüm zur Verfügung. Dekoration, wie auch Blumen, können das Gäste-WC in einen Mini-Event-Raum verwandeln. In einem weiteren Behältnis – Korb, Schale oder sichtbar zugängiger Schublade, können einige Hygieneartikel platziert werden. Neben Kopfschmerztabletten ein Döschen Hautcreme, eine kleine Flasche Haarspray oder gar – Ihre Gäste sind uns ja nicht bekannt – einige Verhütungsmittel für den Herrn.

Foto: Damen-WC im ARCOTEL Onyx, Hamburg: „Die Toiletten wurden von Tempo zum ‚Stilvollsten stillen Örtchen 2013' ernannt." Gratulation!

Klofrau und Trinkgeld

Nun wenden wir uns einem Job zu, den nicht unbedingt das beste Image ziert. Der Job der Toilettenfrau bzw. des Toilettenmanns. Wie oben schon angedeutet finden sich in dieser Personengruppe nicht nur wenige, deren eigentliche Aufgabe darin zu bestehen scheint, möglichst viele Münzen von den Benutzern zu sammeln. Damit auch möglichst keiner ohne Abgabe seines Obolusses aus den Räumlichkeiten schlupfen kann, muss der Beschäftigte sichtbar am Ausgang bei seinem Tellerchen stehen. Verständlich, dass da kaum mehr Zeit bleibt, auch die Reinigungsarbeiten vorzunehmen.

So berichtet der General Anzeiger am 05.08.2011:

> *Dass sich mit dem Geschäft auf Kaufhaustoiletten richtig gute Geschäfte machen lassen, haben die Bonner Steuerermittler jetzt erfahren. Als sie bei der Pächterin von bundesweit etwa 50 Kundentoiletten anrückten, mussten sie einen 7,5-Tonner bestellen, um die gefüllten Säcke mit Cent-Stücken abtransportieren zu können.*

Es soll sich dabei um einen fünfstelligen Betrag gehandelt haben.

Wenden wir uns im Folgenden den tüchtigen Toiletten-Leuten zu. Denjenigen, die die Kabinen und Vorräume in einem hygienisch ansprechenden Zustand halten. Es ist nachvollziehbar, dass es nicht unbedingt der schönste Auftrag ist, mehrfach am

Tage die Toilettenschüsseln auszubürsten und von den Über-resten der getätigten Geschäfte zu reinigen. Es ist sicherlich auch nicht so ansprechend, immer wieder bespritzte Toiletten-brillen abzuwischen und daneben gegangene Tropfen, irrege-leitete Strahlen aufzuwischen. Wer so arbeitet sorgt dafür, dass sich die Benutzer nicht mit gefährlichen Keimen anste-cken und sich nicht vor dem Besuch der Kabinen ekeln müs-sen.

Toilettenaufsichtspersonal als Geschäftsprofis?

Ein interessanter Hinweis findet sich in der Allgemeinen Hotel- und Gaststätten-Zeitung vom 01.03.2014. Dort wurde berich-tet, dass eine Toilettenfrau ihr Trinkgeld einklagte. Viele Gast-stättenbesucher kennen sie: Die Klo-Frau oder freundlicher ausgedrückt, die Toilettendame respektive der Toilettenherr. Diese sitzen in der Regel an einer strategischen Stelle vor dem Zugang zu den Toilettenräumen und haben damit die dort Ein- und Auskehrenden gut im Auge. Sie grüßen in der Regel auf-fällig freundlich, so dass der Toiletten-Besucher sie schwerlich ignorieren kann.

Gut vorbereitet steht ein Tellerchen mit einigen Münzen bereit für den Obolus des Erleichterten. Da es sich hier um ein freiwil-liges Trinkgeld handelt, sollte angenommen werden, dass die-ses auch in das Eigentum der Toilettenfrau übergeht. Manche Betriebe behaupten, das Trinkgeld sei die Bezahlung für die dort sitzende Person, was natürlich aller rechtlichen Grundlage widersprechen würde.

Im beschriebenen Fall erhielt die Klägerin vom Arbeitgeber 5,20 Euro, was zeigt, dass hier der später eingeführte Mindestlohn noch nicht griff. Sie war der Meinung, dass das Trinkgeld ihr gehöre. Ihr Auftraggeber hingegen argumentierte, dass das freiwillig gezahlte Trinkgeld ein Nutzungsentgelt darstelle und demnach dem Unternehmen gehöre. Das Gericht stimmte der Klägerin zu; zumindest dass sie einen gewissen Anspruch auf das Trinkgeld habe.

Übrigens: Die Toilettenaufsichtsperson, um politisch korrekt zu schreiben, musste keine Reinigungsarbeiten vornehmen. Sie musste nur das Trinkgeld einsammeln. Und: Sie äußerte vor Gericht, dass (auf vier Tellern) täglich mehrere Hundert Euro landeten – an Spitzentagen sogar vierstellige Zahlen erreicht wurden.

Na, wenn das nicht mal ein lukrativer Job ist!

Die professionell arbeitende Toilettendame

Geschickte Angestellte halten auch Pflaster für wundgelaufene Füße, Sicherheitsnadeln und einen kleinen Erste-Hilfe-Koffer bereit.

Aus diesen Gründen ist es richtig, diesen Toilettenleuten ein kleines Trinkgeld zu geben. Eine kleine Münze tut es schon. Sinnvollerweise halten Sie sich immer eine Handvoll Münzen bereit, gerade dann, wenn Sie auf Veranstaltungen unterwegs sind. Anzugtragende Herren können diese in der Sakkoaußentasche in ein dort speziell vorgesehenes kleines, in die reguläre Tasche eingelassenes Täschchen deponieren. Das erspart das mühsame Suchen in der Geldbörse, noch in den Toilettenräumen stehend. Abgesehen davon ist es eine blöde Situation, wenn das Kleingeld fehlt und Sie sich einen Geldschein bei der Toilettenfrau wechseln lassen müssen.

Grüßen Sie kurz aber freundlich die Toilettenfrau bzw. den Toilettenmann und verlassen Sie die Toilettenräume.

Übrigens: Noch ein Hinweis. Hin und wieder behaupten die Toilettenleute, neben dem Trinkgeld keinen Lohn vom Arbeitgeber zu erhalten; dass sie also ausschließlich vom Trinkgeld lebten. Das scheint zumindest rechtlich gesehen illegal zu sein, einen Mitarbeiter ohne Bezahlung anzustellen.

Auch gibt es die Regelung, dass Toiletten in Bereichen, in denen Sie Essen bzw. Getränke im Sitzen einnehmen, keine Gebühr für die Toilettenbenutzung verlangen dürfen. Wenn doch, dann ist diese Gebühr für Passanten vorgesehen, die lediglich die Toiletteneinrichtung wie Toilettenpapier, Wasser, Seife, Strom und die Möglichkeit der Bereitstellung nutzen, auch ohne Verzehr dem Betrieb einen Umsatz zu ermöglichen.

Im Flugzeug

Das Essen wurde serviert und abgeräumt. Und schon stauen sich die Passagiere vor den Toilettenkabinen. Lange Wartezeiten, Ungeduld und der „Druck" erhöhen sich.

Vergleichbar ist die Situation bei Übernachtflügen nach dem sanften Wecken am Morgen. Um Wartezeiten möglichst zu vermeiden, versuchen Sie, sich antizyklisch zu verhalten. Gehen Sie fünf Minuten <u>bevor</u> die anderen gehen. Sie vermeiden eigene Wartezeiten und entzerren die Warteschlange nach Ihnen.

Früher fand sich gerne ein Schildchen an der Türinnenseite: Bitte verlassen Sie die Kabine so, wie Sie sie vorgefunden haben. Da sie nun mal häufig unsauber vorgefunden wurde, gab es keinen Bedarf, sie sauberer zu verlassen. Heute sind die Schildchen mit leicht verändertem Text zu finden: Hinterlassen Sie die Kabine so, wie Sie sie vorfinden wollen.

Bei der Marine

Hier können Sie auf das so genannte Marine-WC treffen. Das ist eine Toilette mit Handpumpe. Als Spülwasser dient angesaugtes Meerwasser, das zusammen mit den Ausscheidungen wieder ins Meer gepumpt wird.

In der Eisenbahn

Früher bevorzugten die Eisenbahn-Verantwortlichen in ihren Toilettenabteilen die offene Bauart. Durch eine Klappe wurden die Ausscheidungen ganz einfach auf den Gleiskörper entleert.

Das tat den hölzernen Bahnschwellen auf Dauer nicht gut. Und schon gar nicht den Bahnanwohnern, denen dann zerstäubte Fäkalien oder benutztes Toilettenpapier in die Vorgärten schweben ließen.

Mittlerweile wurden geschlossene System eingebaut, die die Ausscheidungen sammeln bzw. chemisch bearbeitet bis zur Beseitigung aufbewahren. Wird mit Unterdruck gearbeitet, wird alles, was sich in der Schüssel gesammelt hat, weggesaugt.

Hinweis eines Bekannten:

> In Schleswig-Holstein gab es den Fall, dass unter einer Eisenbahnbrücke ein Haus (oder mehrere Häuser) mit Gemüsegärten stand oder standen. Vor einigen, langen Jahren gab es einen Artikel im Spiegel, der sehr eindrucksvoll zeigte, was alles in den Gärten lag und an den Häusern klebte.

> Nach gerichtlichen Auseinandersetzungen wurden während der Fahrt über die Brücke die WC-Häuschen im Zug verschlossen. Ich frage mich, ob das immer so geklappt hat?

Als Stereotyp wird immer wieder auf den sorgsamen Umgang der Niederländer mit Geld hingewiesen. In diesem Zusammenhang scheint folgender Artikelausschnitt der FAZ vom 08.10.2011 interessant.

Aus den Niederlanden:

„ ... Bahnreisende ... in den 131 ... neu angeschafften Nahverkehrszügen ... dürften sich ... mit einer ‚Pinkeltüte' aus Plastik begnügen müssen.

... Aus Kostengründen hatte die Bahn auf die angeblich 90 Millionen Euro teure Ausrüstung der Züge mit Toiletten verzichtet. ... Auch die Deutsche Kontinenz Gesellschaft hatte ... moniert, es werde wieder einmal verkannt, ‚dass Blasenschwäche jeden treffen kann.'.“

Aufstehen während des Essens

Grundsätzlich soll vermieden werden, während des Essens aufzustehen. Sollte es wirklich unumgänglich sein, wird eine Pause in der Gangfolge abgewartet.

Bitte bedenken Sie, dass der jeweilige Gang erst dann beendet werden kann, wenn alle Gäste mit diesem Gang fertig sind. Steht der Gast also während eines Speisenganges auf, ohne sein Besteck so auf den Teller zu legen, dass eindeutig zu erkennen ist, dass er nicht weiteressen will, heißt das für alle anderen: Warten bis der Gast wieder zurück ist.

Als Gast deshalb versuchen, so schnell wie möglich zur Tafel zurückzukehren, damit die Speisenfolge ihren Lauf nehmen kann.

Wenn denn aufgestanden werden muss, wird lediglich der Tischpartner kurz informiert zum Beispiel mit:

- „Entschuldigen Sie bitte“

- „Entschuldigung"

- „Entschuldigen Sie bitte, ich komme sofort wieder"

Der Gast muss hier nicht sagen, dass er sich ‚die Hände waschen geht'. Es ist auch nicht nötig, dass er eine vollständige Erklärung darüber abgibt, ob oder wen er anrufen möchte. Er bittet bei seinem Tischpartner nicht deshalb um Entschuldigung, dass er etwas zu erledigen hat, sondern dafür, dass er ihn alleine lässt.

Zum Aufstehen wird der Stuhl leicht und geräuschlos zurückgeschoben oder zurückgehoben. Jeder Lärm und jede Störung der anderen Gäste soll vermieden werden. Die Mundserviette wird, leicht zusammengelegt, auf die Sitzfläche des Stuhles gelegt.

Zurückgekehrt, wird der Stuhl wieder leicht angehoben um sich zu setzen. Nicht zu vergessen, die Serviette vorher wieder aufzunehmen und auf den Schoß zu legen.

Der zurückgekehrte Gast wartet einen Moment, ehe er sich wieder in das augenblicklich geführte Gespräch einschaltet.

BITTE HELFEN SIE UNS TRENNEN!

SEE

WEIN

BIER

SCHN...

Foto: Brigitte Weiß, Hochheimer Hof, Hochheim am Main,
Idee: Bernd Reutemann.

Kapitel 3 – Im Ausland

Verhalten im Ausland

Das Loch im Boden

> *Ich nahm die Wahrheit mal aufs Korn. Und auch die Lügenfinten.*
> *Die Lüge macht sich gut von vorn, die Wahrheit mehr von hinten.*
> **Wilhelm Busch, dt. *Schriftsteller***
> *(1832 - 1908)*

Steh- oder Hocktoilette

In Japan, wo ursprünglich die Stehtoilette (Washiki) in Gebrauch war, die nach dem Zweiten Weltkrieg durch die westlich
geprägten Sitzklos ergänzt wurden, gibt es seit den 80er Jahren das so genannte Dusch-WC. Dieses wird vom Hersteller
Washlets genannt, was mittlerweile die gängige Bezeichnung
für diese Art von Toiletten ist.

Neben einem erwärmbaren Sitz kann der Benutzer die Wasser-
temperatur und den Wasserdruck nach eigenem Wunsch wählen. Weiter gibt es einen integrierten Lüfter, der unangenehme
Gerüche schnell entsorgt. Neue Modelle haben bis zu knapp 40
Bedienungsmöglichkeiten.

Sollten Sie auf die klassische Stehtoilette treffen, stellen Sie sich – mit
dem Gesicht zur Wand – auf diese
Toilette, gehen in die Hocke und erledigen Ihr ‚großes Geschäft'. Eine ge-
wisse Balance ist erforderlich. Deshalb sind an der Wandseite gelegent-

lich zwei Griffe angebracht, an denen Sie sich festhalten können.

Hocken Sie sich nahe an die Wand, damit Sie die eingelassene Schale der Stehtoilette nicht verfehlen.

Frühere Kanalisationssysteme

Seit etwa 300 nach Chr. sind in Japan Kanalisationssysteme, zum Beispiel als fließender Bach, bekannt. Einfach drüber stellen – und die Ausscheidungen wurden fortgeschwemmt. Die nach der damaligen Hauptstadt benannte Nara-Zeit (710 – 784) besaß bereits ein richtiges Abwassersystem.

Als Toilettenpapier wurde zu Beginn Seetang verwendet, etwa ab dem Jahre 1600 Toilettenpapier aus Washi-Papier. In abseits gelegenen Regionen wurde auf Pflanzenblätter oder Holzschaber zurückgegriffen.

Zerkratzte Klobrillen in Indien

Sind Sie in Indien unterwegs und stellen zerkratzte oder gar gebrochene Toilettenbrillen fest, kann das folgenden Grund haben: Benutzer, die es gewohnt sind, die Stehtoilette zu benutzen, klettern auf die Toilettenbrille, um sich dort – mit den Füßen auf der Brille hockend, ihres Geschäftes zu entledigen. Aus Hygienegründen wollen sie sich nicht auf die von anderen ebenso benutzte Brille setzen. Nachteil: Viele zerkratzte Klobrillen oder gar gebrochene Sitztoiletten.

Linke Hand in den Arabischen Ländern

In Sandwüsten-Regionen, deutlich in den arabischen Ländern, waren endlose Kamelkarawanen wochenlang in der Einöde unterwegs. Übernachtet wurde in relativ prächtig ausgestatteten Zelten, in denen auch die Abend- und Nachtstunden verbracht wurden. Wer als Fremder in ein Zelt eingeladen wurde, wurde mit der höchsten Stufe der Gastfreundschaft beehrt. Ihm wurde alles, was das Mitgeführte hergab, angeboten. Und von allem nur das Beste. Die klassische Gastfreundschaft wurde dort ins Perfekte betrieben. Aufgrund der feindlichen und unwirtlichen Umwelt war jeder auf jeden angewiesen. So genoss der Fremde absoluten Schutz, wenn er sich als Gast im Zelt befand. Diese Regel galt nicht mehr unbedingt, wenn er anderen Tages draußen im Freien angetroffen wurde ...

Neben Speis' und Trank galten eventuell mitreisende Frauen gelegentlich als ‚benutzbare' Freuden.

Nun musste aber auch in dieser Situation mal einer austreten. Mobile Toilettenhäuschen gehörten nicht zur Ausstattung. So wurde sich ganz einfach hinter die nächste Düne gehockt. Die Gefahr, dass jemand vorbeikam, war so gut wie nicht zu erwarten. Nun gab es aber auch kein Toilettenpapier. Das schien kein Problem zu sein, denn reinigenden Sand gab es zur Genüge. Und dieser Sand wurde mit der linken Hand gegriffen.

Zurück im Zelt, wieder auf dem Teppich am Boden sitzend, rund um die große Platte mit herrlich duftenden Lebensmitteln, von der sich alle mit bloßen Händen bedienten, ging die Unterhaltung weiter. Aber wehe, jetzt würde mit der linken Hand ins Essen gegriffen, um sich dort handliche Kugeln zu formen, die zum Mund geführt werden. Nun hätte unser Gast eine schockierende Situation erzeugt. Alle anderen würden sich sofort von der Platte zurücklehnen und keinen Bissen mehr zu sich nehmen. Da die linke Hand als unrein galt und gilt, wäre in den Augen der anderen die Speise nicht mehr genießbar.

Noch heute, auch in den pickfeinsten Restaurants, ist es verpönt, mit der linken Hand Speiseen zu sich zu nehmen oder gar einem anderen zu reichen. Behelfen Sie sich immer mit der rechten Hand. Bedenken Sie, dass auch in unseren hiesigen Gebieten ein Gast mit diesem Verhaltensmuster mit am Tisch sitzen könnte, den Sie durch unbedarften Einsatz der linken Hand in Gewissensbisse trieben.

Schlauch zum Nachspülen und Korb für Papier

In vielen arabischen Ländern finden Sie neben der Toilette häufig einen Wasserschlauch, den Sie nehmen können, um sich vorsichtig abzuspülen, aber der auch eingesetzt wird, um das Porzellan nach Gebrauch zu reinigen. Auf der anderen Seite steht manchmal

ein Korb, der Toilettenkorb oder ein Abfalleimer. Hier hinein gehört tatsächlich das gebrauchte Toilettenpapier, um Verstopfungen im Abwassersystem zu vermeiden. Für uns fast nicht nachvollziehbar. Ist aber dort, wo es kein hygienisches Abwassersystem gibt, die einzig richtige Verhaltensweise.

Das gilt auch für andere Länder, wie zum Beispiel an vielen Orten in Brasilien.

Toilettenschuhe

Singapur zählt zu den saubersten Plätzen in der Öffentlichkeit – weltweit. Vielleicht lässt uns, der in unseren Ohren eventuell merkwürdig klingende Hinweis in öffentlichen WC-Anlagen, nach Benutzung die Spülung zu benutzen, schmunzeln.

In Korea stehen in vielen Wohnungen Hausschuhe bereit, die anstelle der Straßenschuhe getragen werden können. Sollten Sie die Toilettenräume aufsuchen, finden Sie vor der Tür besondere Slipper (oft sind diese rot), die nur für dort gebraucht werden sollen. Aufpassen, dass Sie mit den ‚Toiletten-Hausschuhen' nicht in den Wohnraum gehen!

Wenn Sie die Toilettenräume aufsuchen, können Sie sehen, dass auch hier manchmal kleine Eimer bereitstehen, um benutztes Toilettenpapier aufzunehmen. Benutzen Sie diese dann auch.

Toilettenpantoffeln

Da auch in Japan früher die Toiletten außerhalb des Wohn-
raums anzufinden waren, mussten die Benutzer sich, für den
Weg draußen, Straßenschuhe überziehen. In der Wohnung
selbst, die als sehr ,rein' gilt, wird sich nicht in Straßenschuhen
bewegt. Also vor der Tür ausziehen! Nachdem später die Toilettenräume in die Wohnräume integriert wurden, blieb die
Trennung zwischen dem reinen (Wohn-)Bereich und dem un-
reinen (Toiletten-)Bereich. Deshalb sind nach wie vor, vor dem
Betreten der Toilettenräume besondere Toilettenschuhe über-
zuziehen. Nach dem Verlassen des Toilettenraums stellen Sie
die Schuhe an der Toilettentür ab – nicht wieder den Wohnraum damit betreten!

Genialer Nebeneffekt: Durch das Abstellen vor die WC-Tür
kann jeder sehen, ob die Toilette gerade besetzt ist.

Halbhohe Kabinentüren

In einigen Ländern, wie zum Beispiel in den USA, können Sie
sich über öffentliche Toiletten wundern, da die Kabinentüren
nicht blickfest schließen. Oftmals sind sie nur so hoch, dass Sie
im Sitzen einen Sichtschutz genießen. Grundsätzlich könnte
aber jemand von außen problemlos über die Tür schauen. Das
hat den Vorteil, dass in den Kabinen nichts Ungesetzliches un-
beobachtet bleiben soll. Die Toilette wird im englischsprachigen
Raum auch gerne mit dem Kosenamen ,loo' bedacht. Wobei es
auch ein früher gern gespieltes Kartenspiel namens Loo gibt.

Kapitel 4 – Pinkel-Knigge

Pinkeln – Das kleine Geschäft

Bedürfnisanstalt für Männer

> *Das Prinzip aller Dinge ist das Wasser,*
> *denn Wasser ist alles und ins Wasser kehrt alles zurück.*
> **Thales von Milet, griech. Philosoph**
> **(um 624 – um 546 v. Chr.)**

Pissoir

Weiter oben wurde von verschiedenen Vulgärbezeichnungen gesprochen. So würden wir auch das Wort „pissen", als Hauptwort „die Pisse" – laut Duden übrigens ohne Mehrzahlform – eher als umgangsförmliche Straßensprache ansehen. „Pisser" kommt aus dem Französischen und steht für „Harn ablassen". Es ist in Frankreich ein üblich gebrauchtes Wort. So finden wir das so genannte Pissoir ebenso in Frankreich. Eine räumlich abgegrenzte Möglichkeit, um dem „kleinen Geschäft" nachzugehen.

Pissoir in Paris

Was in Deutschland bis die Nachkriegszeit nicht als vulgär angesehen wurde, war die Bezeichnung „Pissoir". In Frankreich wurde diese Bezeichnung noch im Jahre 2009 gelesen.

Pinkelrinne

Was wäre einfacher, als im Stehen einfach auf den Boden, gegen einen Baum oder eine Wand zu urinieren? Es gibt ja sogar einen netten Spruch zum Thema Intelligenz, der lautet: „Der ist ja so dumm, der kann noch nicht einmal ein Loch in den Schnee pinkeln." Gut, damit aber nicht jeder überall hinuriniert, geht es schon etwas geordneter zu. An einer dafür vorgesehenen Wand wird am Boden eine Rinne entlang der Wand eingelassen. Diese Rinne hat zum einen Ende hin ein Gefälle. So können Flüssigkeiten in eine Richtung in ein Abwassersystem fließen. Manchmal rieselt auch ständig ein wenig Wasser an der Wand herunter, um den Rinneninhalt in Fluss zu halten. Je nach Länge der Rinne können mehrere Männer gleichzeitig Platz finden. Die Wand und die Rinne können aus Stein sein, gekachelt, aber auch aus Porzellan, Kunststoff oder Edelstahl.

Café Achteck

Welche Köstlichkeit zu Kaffee und Kuchen erwartet uns in diesem Café mit dem interessanten Namen Achteck? Nun, gar keine. Hier geschieht genau das Gegenteil. Kulinarisches verlässt den Körper. Der Name ergab sich aus der achteckigen Form der gusseisernen, öffentlich aufgestellten Pissoirs.

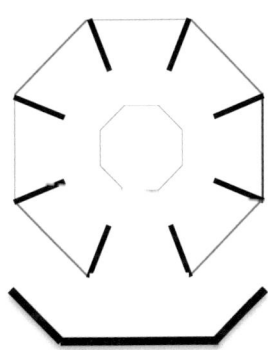

Guido von Madai, preußischer Beamter (1810 – 1892) war dafür zuständig, in Berlin diese Pissoirs aufbauen zu lassen. Deshalb wurden diese im Sprachgebrauch auch Madai-Tempel genannt. Im Jahr 1863 gab es in Berlin das erste Pissoir. Zeichnung (Café Achteck von oben betrachtet). Vor dem Pissoir stand eine Sichtwand.

Urinal

Um eine kleine Privatsphäre zu garantieren, gab es dann die Weiterentwicklung in Form eines Pinkelbeckens, das Urinal genannt wird. Wie weiter vorn bei den mobilen Toilettenhäuschen beschrieben, gibt es ebenso mobile Urinale.

Modernes Wandbecken, tief gezogen, so dass auch ‚der kleine Mann' zum gewünschten Ergebnis kommt.

Frauenurinal

Wer nun annehmen möchte, dass Urinale das Revier ausschließlich der Männer darstellt, unterliegt einem Irrtum. Denn auch für Frauen werden zunehmend Urinale installiert. Der Vorteil zu den klassischen Kabinen liegt auf der Hand: Weniger Platz- und Wasserverbrauch. Die Männer stehen vor dem Urinal, die Frauen gehen leicht in die Hocke. Das mag erst mal der Hauptunterschied sein.

Missoirs – Pissors für Frauen

Iben Wiene Rathje ist eine dänische Politikerin. Sie kämpft für die Gleichberechtigung und ist der Meinung, dass auch Frauen im Stehen pinkeln dürfen. Diese Einrichtungen sollen dann Missoirs heißen. (Quelle Hamburger Abendblatt 07.03.2012)

Freies Pinkeln für freie Bürger

Immer und überall? Ein notorischer Gartenpinkler unterlag vor Gericht und musste aus seiner Wohnung ausziehen. Trotz Abmahnung hatte er immer wieder in den mitvermieteten Garten uriniert. (Spiegel-online 23.03.2012)

Hotel Schwaigerhof, Schladming, Österreich. Bildrecht ebendort.

Hemmungen beim Urinieren

Liebe männliche Leser. Ist Ihnen das auch schon mal passiert? Sie sind auf einer Veranstaltung und in der Pause müssen Sie dringend das ‚kleine Geschäft' erledigen.

Andere aber auch! Nun betreten Sie die Waschräume und erkennen blitzschnell, aber leicht verzweifelt, dass alle Toilettenkabinen bereits (wörtlich) in Besitz genommen wurden. Die roten ‚geschlossen' Signale scheinen Sie hämisch anzugrinsen. Ok, dann eben zu den Wandbecken. Da stehen schon einige, die innerlich erleichtert und erleichternd aufstöhnen.

Sie geben sich einen motivierenden Schubs: „Nun stell' dich mal nicht so an." Sie wählen eines der Urinale, bereiten sich vor und – nichts passiert. Eben noch der quälende Druck. Jetzt geht nichts mehr. Verflixt – wie eine Blockade. Seien Sie beruhigt! Sie sind nicht der Einzige, dem es so ergeht. Manchmal noch viel schlimmer, so dass sich eine regelrechte Panik entwickelt. Diese Hemmung wird als Paruresis bezeichnet.

Paruresis

Unter diesem Begriff wird ein übersteigertes Schamgefühl verstanden, das es dem Betroffenen nicht ermöglicht, in Anwesenheit anderer zu urinieren. Mit Hilfe von Therapien sollten diese Hemmungen überwunden werden können. Es kann tatsächlich von Angstzuständen gesprochen werden. Eine vergleichbare Hemmung oder gar Angst beim Stuhlgang wird als Rhypophobie bezeichnet.

Pinkel-Psychologie

Es fordert fast eine wissenschaftliche Beobachtung heraus. Wo ist der ‚beste' Platz an den Urinalen? Nach Betreten der Räumlichkeiten sehen Sie: Es reihen sich mehrere Wandbecken nebeneinander. Wagen wir einen kleinen Schritt in die Psychologie und betrachten, in welcher Reihenfolge die Becken benutzt werden könnten – und wer am Ende den schwarzen Peter zieht, also sich am unangenehmsten platziert fühlt.

Im ersten Fall gibt es drei Urinale. Der erste Herr betritt die Szene und hat damit eine freie Auswahl unter drei Möglichkeiten. Er wählt eines der Becken an der Seite, hier das linke.

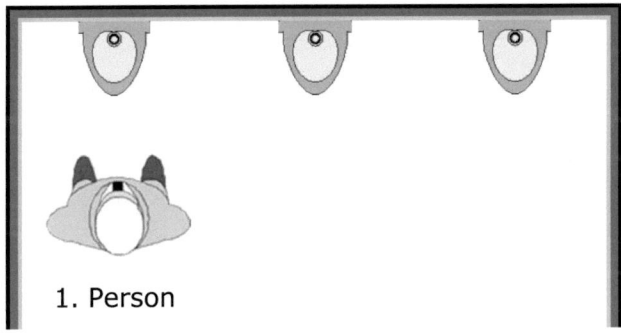

1. Person

Ein zweiter Herr betritt den Raum. Mit höchster Wahrscheinlichkeit wählt er das Wandbecken an der gegenüberliegenden Seite, hier rechts außen.

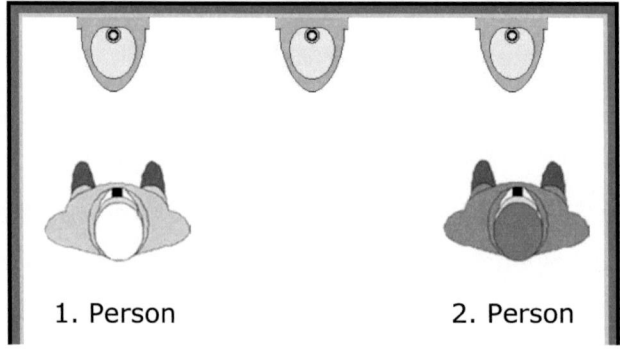

Die dazukommende dritte Person hat Pech. In der Mitte eingeklemmt findet sie ihren Platz.

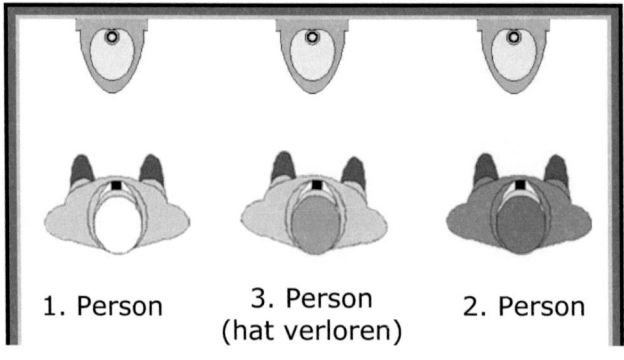

Falls sich unser 1. Herr in die Mitte stellt (was ja fast schon als unfair betrachtet werden könnte), bleibt der zweiten Person zwar die Wahl zwischen rechtem und linkem Becken, aber verloren hat sie trotzdem. Allerdings wegen der Eckposition noch besser als im ersten Fall oben.

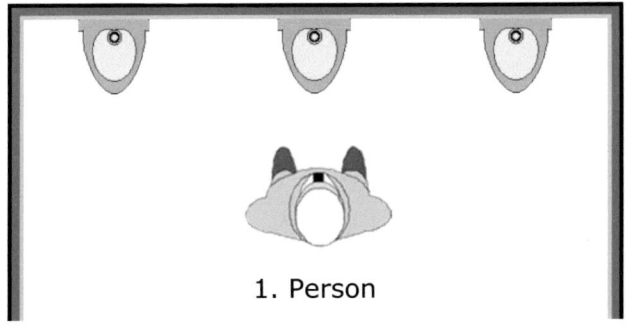

1. Person

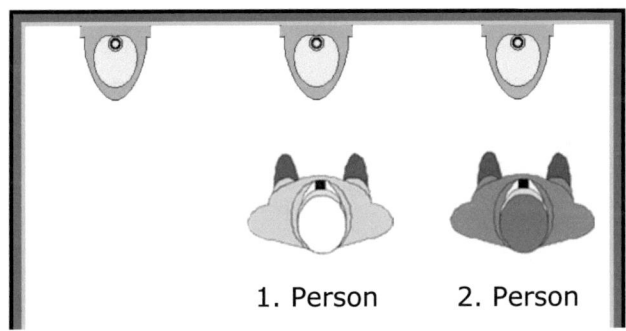

1. Person   2. Person

Fall 2 bieten sich dem ersten Herrn 4 Urinale und damit vier Möglichkeiten. Nehmen wir an, er wählt das zweite von links.

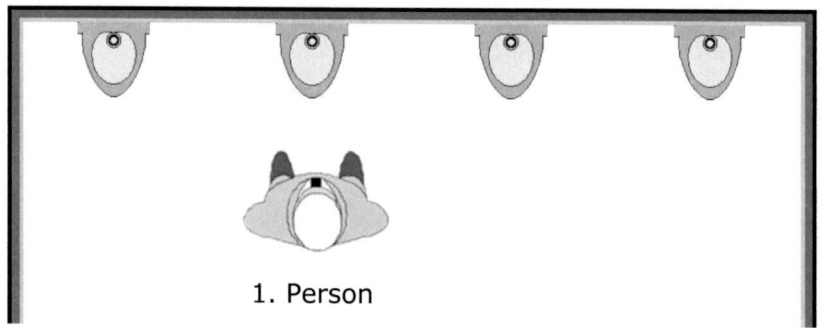

1. Person

Dann wird sich der zweite Herr wahrscheinlich wieder ganz außen positionieren, hier rechts. Das zeigt den weitesten Abstand zum ersten Herrn.

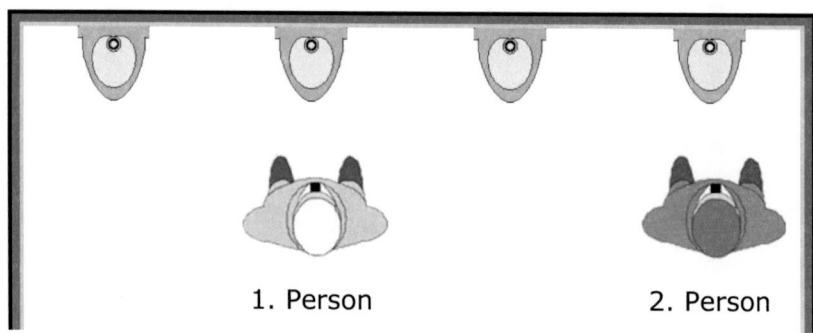

1. Person   2. Person

Die dritte Person kommt schon in eine unangenehmere Position. Damit sie nicht zwischen den beiden anderen stehen muss, wird sie höchstwahrscheinlich die Ecke ganz links wählen.

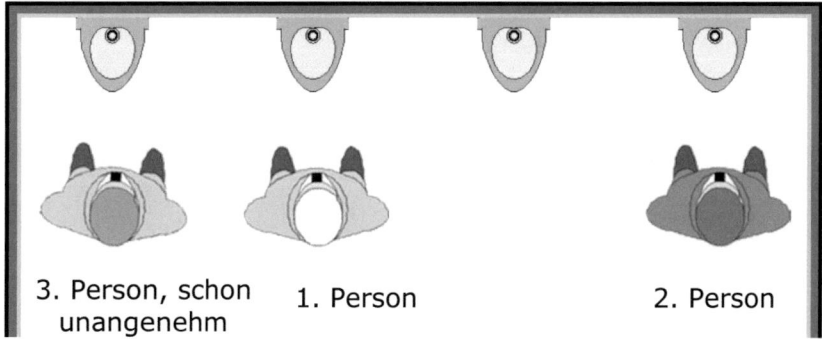

3. Person, schon unangenehm   1. Person   2. Person

Und der vierte Herr hat den schwarzen Peter gezogen. Aber vielleicht hat er Glück und Herr Nummer 1 verlässt nach verrichteter Arbeit seinen Stellplatz.

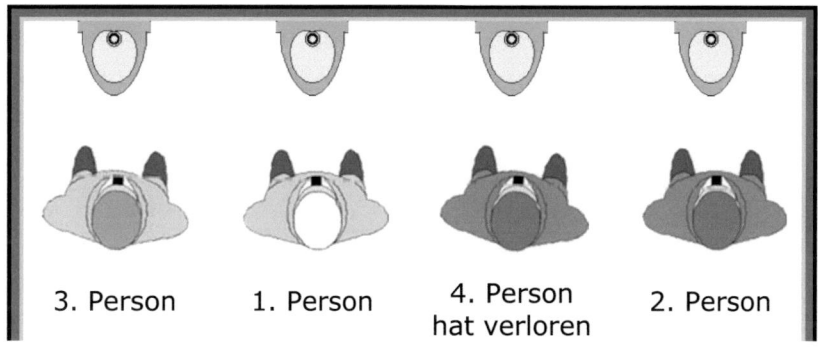

3. Person   1. Person   4. Person hat verloren   2. Person

Und zu guter Letzt betrachten wir noch eine Anordnung mit fünf Wandbecken. Herr 1 will nicht unbedingt zu dominant wirken (sonst würde er sich in die Mitte stellen), aber auch nicht zu schwach (das wäre der Platz ganz außen links oder rechts). So wählt er eine anscheinend vernünftige Lösung, nämlich Platz zwei von der Seite her, hier links.

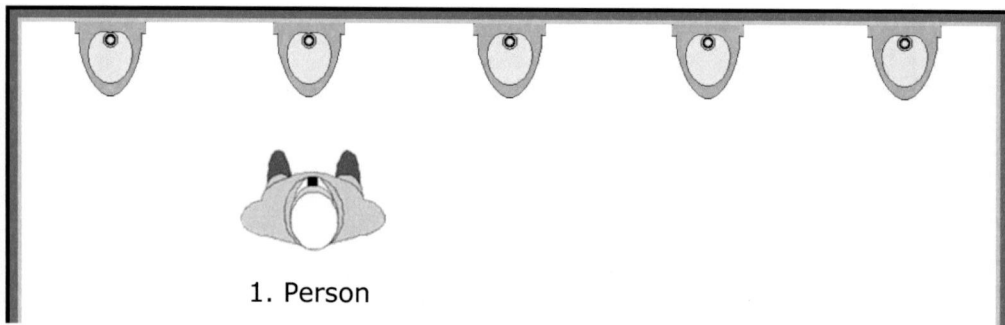

1. Person

Herr Nummer 2 hat Glück, denn er kann problemlos wählen. Ganz links kommt nicht in Frage. Herr 1 könnte sich ‚bedroht‘ fühlen, da die anderen Becken ja noch frei sind. Dasselbe gilt für den mittleren Platz. So bleiben nur die beiden rechten. Unser Herr wählt das zweite von rechts.

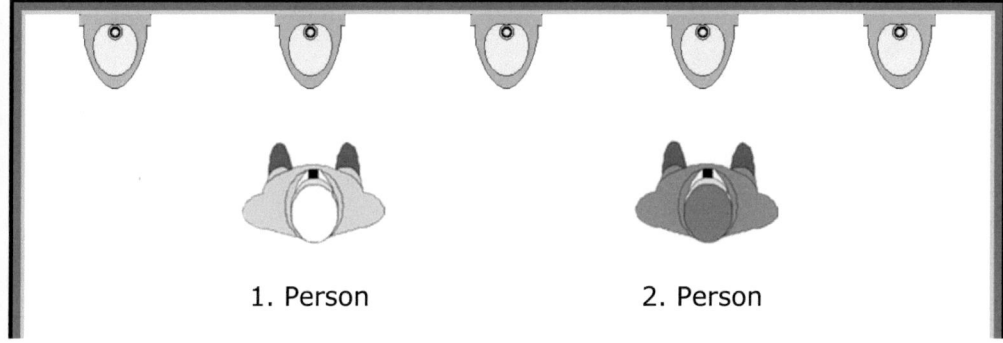

Herr Nummer 3 erscheint. Sich zwischen die beiden stellen, traut er sich nicht. Also bleibt einer der Plätze außen. Er entscheidet sich für den Platz ganz links.

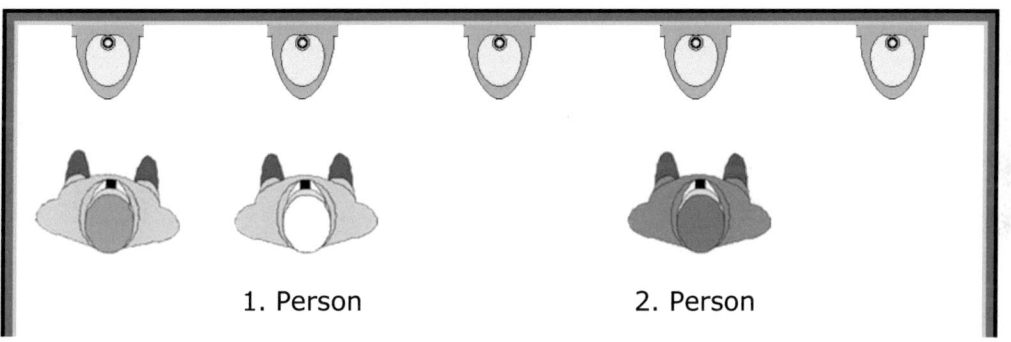

Herr Nummer 4 scheint noch die Wahl zu haben – allerdings ist rechts außen der ‚sicherere' Platz. Für den entscheidet er sich auch.

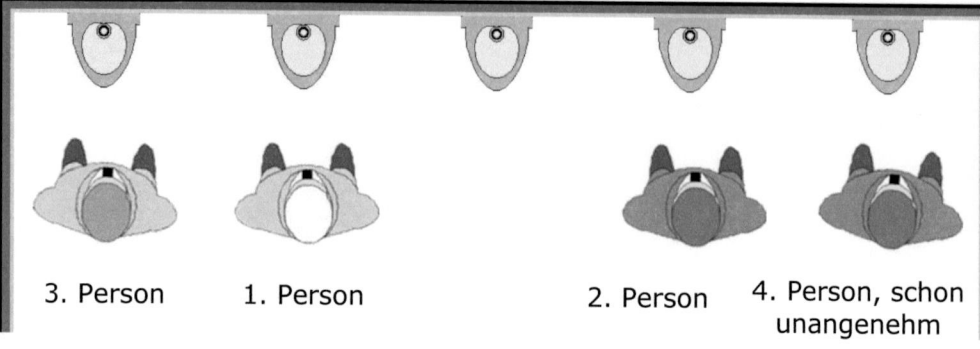

3. Person   1. Person   2. Person   4. Person, schon unangenehm

Tja, Herr 5 hat nun das große Los gezogen. Mittendrin, sozusagen von allen Seiten umzingelt. Aber es hilft nichts. Gute Miene zum unangenehmen Spiel und ab in die Mitte!

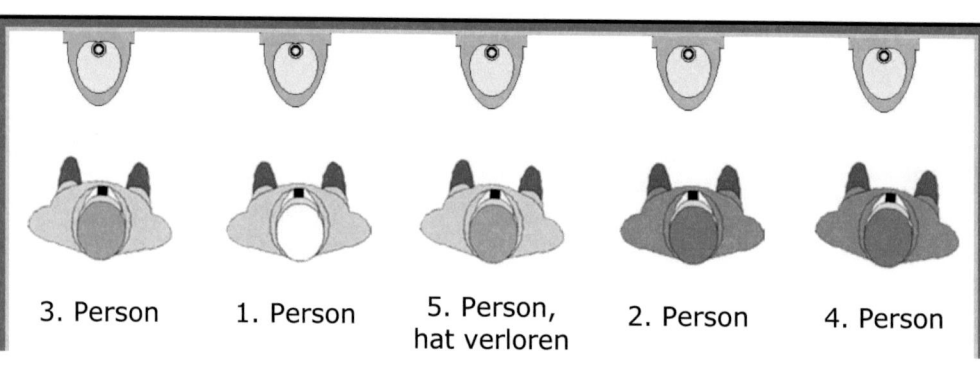

3. Person   1. Person   5. Person, hat verloren   2. Person   4. Person

Mittlerweile gibt es auch für Damen Wandbecken in vergleichbarer Anordnung. Vielleicht ergibt sich hier eine ähnliche Situation wie bei den Herren? Der Betreiber der Anlagen zeigt ein gewisses Einfühlungsvermögen, wenn er zwischen den einzelnen Becken eine kleine Trennwand anbringt, die zumindest einen minimalen Sichtschutz suggeriert.

Im Sitzen Pinkeln

Für Frauen sowieso keine Frage. Aber für die Männer? Das klingt ja vielen so weiblich, sich beim Pinkeln hinsetzen zu müssen! Wer ein richtiger Kerl ist, steht! Oder doch nicht? Durch das Pinkeln im Stehen gehen immer mal wieder Spritzer in die nicht gewünschte Richtung und schon sind Beckenränder oder Klo-Deckel verunreinigt. Seit Jahren wird hier überlegt, wie vorzugehen ist.

Die Toiletten-Fliege zum „Abschießen"

So scheinen zum Beispiel aufgemalte Fliegen im unteren Teil des Beckens den Spieltrieb des Mannes zu kitzeln. Er versucht dann, die Fliege ‚abzuschießen'. Manchmal liegen auch kleine Spritzschutzmatten unten im Becken, an denen wiederum ein Ball befestigt wurde, der auch wieder ,abgeschossen' werden soll. Das hat den Vorteil, dass der Strahl genauer ins gewünschte Ziel trifft und Verunreinigungen weniger werden.

Vielleicht auch ein gewisses Triumphgefühl, wenn getroffen wurde?

Kapitel 5 – Statistisches Sprüche und Sonderbares

Sonstiges und Sonderbares

Männer mit Niveau sitzen auf dem Klo

> Entscheidend ist, was hinten rauskommt.
> **Helmut Kohl, dt. Bundeskanzler**
> *(*1930)*

Statistik

Immer wieder lässt sich darüber wundern, worüber Statistik geführt wird. So sind wir bei der Recherche zu diesem Buch auf Angaben gestoßen, die teilweise schon im Text oben verarbeitet sind, wie zum Beispiel die Zahl der verwendeten Toilettenpapierrollen. Die Angaben der verschiedenen Quellen sind genauso verschieden wie die Quellen selbst. Das ist aber weiter nicht schlimm, da es den Durchschnittsmenschen als solchen ja auch nicht gibt. Und deswegen muss über die eine oder andere Angabe nicht gestritten werden. So behauptet wikibooks.org unter ‚Der Mensch in Zahlen', dass der errechnete Durchschnittsmensch im Laufe seines Durchschnittslebens 2.900 kg ausscheidet. Allerdings verdaue er angeblich auch das 500-fache von dem, was er wiegt. Beispiel: Er wiegt 75 kg, also verdaut er in seinem Leben 37.500 kg. Demgegenüber erschienen die 2.900 kg Ausscheidungen sehr bescheiden; allerdings auch etwa 40.000 Liter Urin.

Luther und seine 95 Thesen

Über den Reformator Martin Luther (1483 – 1546) wurde und wird viel geschrieben. Zur großen Freude der Archäologen wurde im Jahre 2004 in einem Kellerraum die Latrine seines Wohnhauses in Wittenberg ausgegraben. Von Luther wird berichtet, dass er aufgrund immer wieder auftretender Verstopfungen viel Zeit auf dem Klo verbracht habe. So wird angenommen, dass er die Eingebungen zu seinen 95 Thesen dort sitzend erhielt.

Vielleicht ist ihm der in diesem Zusammenhang immer wieder erwähnte Spiritus Sanctus dort in Erscheinung getreten. Wer weiß?

Welttoilettentag

Kaum zu glauben, aber es gibt ihn tatsächlich: den Welttoilettentag.

Im Jahre 2001 gründete in Singapur ein Unternehmen die World Toilet Organization, WTO, die Welttoilettenorganisation. Ziel der Organisation ist es, die hygienischen Verhältnisse in den Toiletten zu verbessern – und zwar weltweit. Und deswegen gibt es den Welttoilettentag, jeweils am 19. November eines jeden Jahres.

Blaues Licht

Blaulicht auf der Straße heißt: Weg frei für Rettungsdienste und Polizei. Ist Ihnen in öffentlichen Toilettenräumen, zum Beispiel Kaufhäusern, Buchhandlungen usw. schon mal ein blaues Licht aufgefallen? Das erschwert Drogenabhängigen das Auffinden der Venen, in diese sie sich Drogen spritzen wollen.

Auf dem Wagen bei Karnevalszügen oder CSD

Ein Bekannter berichtete:

> Vor einigen Jahren fuhr ich 5 Stunden auf einem Wagen anlässlich eines CSD-Umzugs in Köln mit. Auf dem Wagen selbst befand sich keine Toilette, damit keine Möglichkeit, auszutreten. Mit meiner Pennäler-Blase kam ich schnell in Nöte. Was tun? Glücklicherweise hatte einer meiner Kumpels eine grandiose Idee. Ich bewaffnete mich mit einer leeren Plastikflasche, stieg in einen leeren Müllsack rein. Somit war ich rundum vor ungewünschter Beobachtung geschützt und konnte enthemmt Überflüssiges loswerden. Ein sehr angenehmes Gefühl …

Kabinenwand aus Glas

Sie betreten die Kabine und stellen fest, dass eine Seite aus Glas besteht. Sie können also problemlos nach draußen schauen. Und draußen laufen Menschen vorbei. Oh Schreck! Aber die Vorbeilaufenden scheinen nicht im Geringsten an Ihrer Anwesenheit interessiert zu sein.

Lösung: Das Glas ist nur in einer Richtung transparent. Von der anderen Seite aus ist es nicht durchschaubar. Gehen Sie also in Entspanntheit Ihren Gewohnheiten nach und genießen dabei den schönen Ausblick.

In Sankt Petersburg hat ein Bekannter die folgende Überraschung erlebt:

Ich berichte über einen Clubbesuch (ein absolut harmloser und absolut angesehener Club in St. Petersburg ohne anrüchigen Ruf, möchte ich betonen). Die Besonderheit hier war, dass die Herrenpissoirs (ich schätze so 8 nebeneinander) beim Benutzen nicht den Blick auf die üblichen einfallslosen Kacheln bot, sondern wie bei einer klassischen Täter-Gegenüberstellung ein einfach verglaster Spiegel war. Wobei die undurchblickbare Spiegelseite auf der Seite der Damentoiletten mit ca. 5 Waschbecken zu finden war. Also noch mal kurz: Der Wandspiegel der Damentoilette ist aus der Position des Pissoirs-Benutzer ein „Fenster" in Richtung Waschbecken der Damen.

Die Information, ob der Spiegel vielleicht doch von zwei Seiten durchblickbar war, liegt dem Autor nicht vor.

Klo-Restaurant

Auch das gibt es – ein Restaurant namens Klo in Berlin. Möchten Sie gerne auf einer Kloschüssel sitzend Ihr Getränk zu sich nehmen, dann finden Sie dort den richtigen Platz. Prost!

Und das Essen wird auch schon mal in einer Bettpfanne serviert. Alles natürlich hygienisch unbedenklich.

Im Weltall

Klar, dass es hier keine Außenspülung gibt. Also, wie sich helfen? Die Fäkalien müssen aufgefangen und ggf. verarbeitet werden. Um neue Toilettensysteme für das neue Raumschiff

‚Orion', das ab etwa 2014 die Nachfolge des Spaceshuttle antreten soll, zu testen, benötigt die Nasa Testmaterial – konkret Urin.

So berichtet Spiegel online am 08.05.2011, dass die Nasa zu Urin-Spenden aufrief. für die Tests zum Verhalten in der Schwerelosigkeit werden 30 Liter pro Tag gebraucht.

Und da laut Untersuchungsleiter Urin nicht künstlich hergestellt werden kann, ist nun mal echtes Material vonnöten.

Heißluftballon

Und was nun, wenn es im Korb in die Luft geht? Nichts! Vorher auf die Toilette gehen, sonst wird es oben in der Luft recht drückend. Für alle Fälle kann eine leere Plastikflasche mitgenommen werden.

Neues aus Berlin: Ein Gala-Dinner hoch über Berlin in schwindelnder Höhe. Angesetzte Zeit in einem hochgefahrenen Kranausleger: 3 Stunden. Die Gäste sitzen auf einer freien Plattform, angeschnallt auf ihren Sitzen und genießen ein Mehrgang-Menü. Empfehlung: Auf jeden Fall vorher auf die Toilette, damit Sie sich auf die kulinarischen und räumlichen Höhepunkte konzentrieren können.

Kanzler-Klo

Ständiges Wiederholen macht eine Sache auch nicht richtig. So erlauben wir uns, hier zwei Texte aus stern.de zu zitieren:

„Falsch ist diese immer wieder gerne erzählte Zote: Mainhardt Graf von Nayhauß-Cormons, mit 81 dienstältester Hauptstadt-Journalist und nimmermüder Kolumnist, habe einst an Bord der Kanzlermaschine von Helmut Kohl mit dem Zentimetermaß das Örtchen des Bundeskanzlers genau ausgemessen, um festzustellen, ob es sich um eine XXL-Version handelte. Eine böse Verleumdung: Der Kollege recherchiert zwar präzise, aber taktlos ist der Graf nicht.

Die Falschmeldung stammt aus der Gerüchteküche des „Spiegels" und wurde trotz vieler Dementis immer wieder aufgetischt."

07.04.2001 stern.de

„Zu Zeiten von Kanzler Helmut Kohl war ja einmal die Falschmeldung durch die deutschen Medien gelaufen, ein adeliger (!) Reporter habe dessen Klo in riskanter Recherche mit dem Zollstock ausgemessen und eindeutig Überbreite festgestellt."

12.06.11 stern.de

Besondere Orte

Und wie verhalten sich die Radfahrer auf der Tour de France? Bei der Suche auf diese Frage stieß der Autor auf verschiedene ,Beobachtungen'. So zum Beispiel:

1. Es wird eine ganz normale Pause eingelegt. Fahrstopp, runter vom Fahrrad, Erleichterung verschaffen und weiter geht es.

2. Während der Fahrt. Einfach laufen lassen. Variante, um die eigene Kleidung nicht zu verschmutzen: Rausholen und dann laufen lassen.

3. In diesem Falle freuen sich diejenigen, die unmittelbar dahinter fahren. Die verwirbelten flüssigen Ausscheidungen treffen fein versprüht auf den bzw. die Nachfolger.

4. Ist überhaupt nicht nötig, da alles ausgeschwitzt wird.

Nun, offensichtlich gibt es mehr als eine Möglichkeit.

Im Film

In Fernseh- oder Kinofilmen treffen wir überraschend oft auf Szenen in Toilettenräumen. Immer wieder in Gangster- oder Mafia-Filmen, wo das ‚arme' Opfer in den Räumlichkeiten erpresst wird, wo ihm gedroht wird oder wo sogar handgreifliche Aktionen zu sehen sind.

Immer wieder zeigen solche Szenen, auch in Buchtexten, dass der Darsteller sich in die Toilettenräume zurückzieht, sei es zu konspirativen Treffen oder um sich einer brenzligen Situation zu entziehen oder gar um von dort aus die Flucht anzutreten. Allerdings sind auch eher unangenehme Situationen, wie im Film ‚Das Boot' zu sehen, in dem ein Soldat aus der WC-Kabine bei Alarm eiligst und Hose hochziehend flüchten muss. Bei aller Tragik entbehrt das nicht einer gewissen Komik.

Auch in moderneren Veröffentlichungen, zum Beispiel beim Zauberlehrling Harry Potter, gibt es eine ganze Reihe – für die Geschichte wichtige – Toilettenszenen. Oder sogar der Papst (Papst Alexander VI.) befindet sich auf der Toilette im Film ‚Borgia', Intrigen spinnend, was ja so ganz nebenbei zeigt, dass auch hochgestellte Persönlichkeiten banalen Tätigkeiten nachgehen müssen.

Anlässlich des Welttoilettentags wurde auf folgender Website auf sieben ausgefallene Toiletten-Szenen aufmerksam gemacht (www.moviepilot.de/news/weggespuelt-die-7-besten-kloszenen-im-film-104467).

Immerhin gibt es ca. 180 Videos zum Thema Toilette in den sevenload Web TV Kanälen, auf YouTube über 500. (Angaben Stand Oktober 2011).

So naserümpfend wir mit dem Thema Toilette auf der einen Seite umgehen, so lustvoll scheinen Geschehnisse gerade auf solchen Orten viele Menschen anzuregen.

Wetten dass ...

Otto Walkes bezeichnete es als ‚Scheiß-Wette' – bei ‚Wetten dass ...' am 05.11.2011 im ZDF: Gastgeber Thomas Gottschalk gab einem Kandidaten die Wette frei, 3 von 4 aus 25 Klode-ckeln durch Draufsetzen des ‚blinden` Wettkandidaten Alex sitzend zu erfühlen.

Der Kandidat konnte problemlos die Deckel ‚aussitzen'. „Einen hast du schon verkackt," so Thomas' Kommentar nach dem ersten und einzigen Fehlversuch.

WC 66

Ich hatte mal einen Onkel, der war Drogist und Chemiker. Dem hat es in den 50er/60er Jahren ‚gestunken', da es fast auf jeder Toilette übel gerochen hat.

Also hat er in einem Hinterzimmer seiner Drogerie angefangen zu experimentieren. um an besser riechenden und reinigenden Mitteln für die Toilettenschüsseln zu tüfteln (er war Schwabe).

Unter anderem hat er eine Wirkstoffkombination gepresst, in ein Plastikkörbchen gepackt und am Toilettenrand befestigt, welches nach jedem Spülgang Wirkstoffe abgeben sollte. Nach der ersten erfolgreichen Entwicklungsstufe wurden Kloschüsseln von allen namhaften Herstellern in einem Testraum installiert, wo in ständigen Intervallen gespült und geprüft wurde. Als endlich das perfekte Produkt: WC-Reiniger in Plastikkörbchen = ‚WC 66' patentiert wurde, sind in Folge viele namhafte Reinigungsfirmen auf ihn aufmerksam geworden und sind als Lizenznehmer in seiner Fima mit anderen Produktnamen wie ‚WC 00' etc. auf dem europäischen Markt sehr erfolgreich geworden.

Über viele Jahre hat dieser schwäbische Onkel mit den WC-Reinigungsprodukten Millionen verdient und hat sozusagen ‚mit Scheiße (dank üblem Geruch) viel Geld gemacht'.

Toilettenweitwurf

Adel verpflichtet. Fragt sich nur, wozu? In den Niederlanden gibt es einen originellen Sport: Toiletten-Weitwurf. Mit dabei auch im Jahr 2012 war der niederländische Kronprinz Willem-Alexander (* 1967). Dieser Wettbewerb rief eine Debatte darüber aus, weil so viele Menschen auf dieser Welt keine Möglichkeit haben, eine ordentliche Toilette zu benutzten. Darüber fühlte sich der Kronprinz beschämt. Seit dem 30.04.2013 ist er König der Niederlande. Ob er im Folgejahr wieder am Wettbewerb teilnehmen wird?

Energieproduzent Toilette

Mit menschlichen Ausscheidungen Gewinn erzielen? Wie geht das?

Poo Power – Pupsen bringt Energie.

Die ADAC Motorwelt 1/2015 zeigt einen grün bemalten Bio-Bus, der in Großbritannien vom Flughafen Bristol bis Bath fährt. Er wird mit Biogas aus menschlichen Exkrementen angetrieben. Auf der Außenseite des Busses sind einige Personen aufgemalt, die gemütlich auf Toilettenschüsseln sitzen. Auch der Wartesitz an der Haltestelle hat das Design einer Toilette.

Wasser sparen im Stehen

Das Gastgewerbe Magazin beschreibt in seiner Ausgabe 9/2014 eine Erfindung des Koreanischen Designers Yeongwoo Kim, weiterentwickelt und markteingeführt durch den lettischen Designer Kaspars Jursos. Das Urinal nennt sich ‚Stand‛ und hat an der Oberseite ein angebrachtes Waschbecken, an dem sich der Benutzer direkt die Hände waschen kann. Das benutzte Wasser wird gleichzeitig dazu verwendet, das Urinal zu reinigen. Damit werden Wasserkosten gespart. Na bitte.

Sprüche/Graffiti

Graffiti

Hier ein paar nette Graffiti, die schon mal an die Innenwände der Toilettenkabinen geschrieben sind:

- Ich war hier – Ich auch.

- Wer das liest, steht in meiner Pisse.

- Ich bin klein, mein Herz ist rein, mein Popo ist schmutzig – ist das nicht putzig?

- Piss nicht daneben, du altes Schwein, der Nächste könnte barfuß sein

- Tritt näher – er ist kürzer als du denkst

- Lieber Koch, hier fällt deine Kunst ins Loch

Spruch

Und zur Ergänzung noch ein paar wohlwollende Sprüche rund um das Thema Toilette.

- Ein Mann ist erst dann ein Mann, wenn er im Sitzen pinkeln kann.
- Männer mit Niveau sitzen auf dem Klo.

Übrigens:

Jemanden auf den Topf setzen = Zeigen, wo es lang geht.

Zu guter Letzt

In den Stuttgarter Nachrichten war laut Spiegel im Herbst 2011 zu lesen:

„Probieren, was Oma gegessen hat."

Stichwortverzeichnis

Knigge als Synonym und als Namensgeber

Umgang mit Menschen

Suche weniger selbst zu glänzen, als andern Gelegenheit zu geben,
sich von vorteilhaften Seiten zu zeigen, wenn Du gelobt werden und gefallen willst
Adolph Freiherr Knigge, aus dem Buch „Über den Umgang mit Menschen", 1788
(1752 – 1796)

Adolph Freiherr Knigge

Schon zu seinen Lebzeiten war Adolph Freiherr Knigge (1752 – 1796) umstritten. Knigge setzte sich durch sein energisches Eintreten für die Ziele der Aufklärung, so wie er sie verstand, scharfen Angriffen aus. Er arbeitete als Romanschriftsteller und Satiriker sowie als politischer Schriftsteller. Er gehörte den Freimaurern an. Heute ist Knigge vor allem seines Buches wegen ‚Über den Umgang mit Menschen' (1788) bekannt. Und zwar deswegen, weil sein Werk als Etikette-Buch angesehen wird.

Knigge verdankt seinen heutigen Ruf und Erfolg aber einem Missverständnis. Denn: Das Werk Adolph Freiherr Knigges gilt als Etikette-Buch ersten Rangs. Allerdings beschreibt Knigge keine Regeln wie mit Besteck umzugehen ist oder das Verhalten bei Tisch, stattdessen offenbart er eine praktische Lebensphilosophie im Umgang mit Mitmenschen. Er gibt Anleitungen und Anregungen, wie mit seinen Mitmenschen richtig umzugehen ist. Knigge hoffte damit, dass die Menschen glücklich und froh miteinander leben könnten. Sein Buch erschien 1788 und war schon kurze Zeit in fast allen Haushalten zu finden. Über 200 Jahre lang prägte sich sein Buch im Bewusstsein der Leser als praktisches Handbuch über gutes Benehmen ein.

In drei Teilen seines Buches hat Knigge über den Umgang mit verschiedenen Menschengruppen geschrieben, zum Beispiel:

- Über den Umgang mit Leuten von verschiedenen Gemütsarten, Temperamenten und Stimmungen des Geistes und des Herzens (Erster Teil, 3. Kapitel)
- Über den Umgang mit Frauenzimmern (Zweiter Teil, 5. Kapitel)
- Über die Verhältnisse zwischen Herrn und Dienern (Zweiter Teil, 7. Kapitel)
- Über das Verhältnis zwischen Wohltätern und denen, welche Wohltaten empfangen; wie auch unter Lehrern und Schülern, Gläubigern und Schuldnern (Zweiter Teil, 10. Kapitel)
- Über den Umgang mit den Großen der Erde, mit Fürsten, Vornehmen und Reichen (Dritter Teil, 1. Kapitel)
- Über die Art, mit Tieren umzugehen (Dritter Teil, 9. Kapitel)

Obwohl es heute klar ist, dass Knigge anderes verfolgte, als wir unter seinem Namen verstehen, soll ‚Knigge' als Synonym für den Bereich stehen, dem sich das vorliegende Buch widmet.

12 Knigge-Ratgeber

Der kleine ...

Basis-Knigge [2100]
978-3-8334-1300-1

Business-Knigge [2100]
978-3-8334-1301-8

Büro-Knigge [2100]
978-3-8334-1302-5

Gäste- und Gastgeber-Knigge [2100]
978-3-8334-1303-2

Gesellschafts-Knigge [2100]
978-3-8334-1304-9

Outfit-Knigge [2100]
978-3-8334-1305-6

Interkulturelle Auslands-Knigge [2100]
978-3-8334-1306-3

Bewerbungs-Knigge [2100]
978-3-8334-1307-0

Event- und Feste-Knigge [2100]
978-3-8334-1308-7

Gastro-Knigge [2100]
978-3-8334-1309-4

Speisen-Exoten-Knigge [2100]
978-3-8334-1310-0

Getränke-Knigge [2100]
978-3-8334-1311-7

Jeder Ratgeber Euro 9,70; 88 Seiten, 12x19 cm, kartoniert

Leben und Lifestyle

Jugend-Knigge [2100] Knigge für junge Leute und Berufseinsteiger, 978-3-8311-4816-5, Euro 15,90; 152 Seiten A5

Anti-Mobbing und Anti-Diskriminierungs-Knigge [2100] Gleichstellung, Jugend, Alter, Sexualität, Political Correctness, 978-3-8370-2659-7, Euro 17,90; 152 Seiten A5

Hochzeits-Knigge [2100] Hochzeitsbräuche, Geschenke, Brautjungfer, Trauung, Festgäste und Festmahl, 978-3-8423-5212-4, Euro 29,95; 310 Seiten A5

Senioren-Knigge [2100] Auf dem Weg ins Alter, Vom sozialen Umfeld profitieren, Verständnis zwischen den Generationen, 978-3-7322-8622-5, Euro 22,95; 180 Seiten A5

Blumen-Knigge [2100] Historisches, Mystisches, Festliches, Blumen-Sprache, Umgang mit Blumen-Präsenten, 978-3-842-1232-2, Euro 19,95; 144 Seiten A5

Kulinarischer und Gastronomischer Knigge [2100] Von Events, Feiern, Aperitif über Esskultur, Speisen und Getränken zu zeitgemäßen Tischsitten, 978-3-8391-556-0, Euro 26,50; 284 Seiten A5

Der Interkulturelle Kompetenz-Knigge [2100] Kultur, Kompetenz, Eindrücke – Gesten, Rituale, Zeitempfinden – Berichte, Tipps, Erlebnisse, 978-3-7322-5057-8, Euro 29,95; 240 Seiten A5

Smalltalk-Knigge [2100] Vom kleinen Gespräch bis zum charmanten Flirt - Kontakt ausbauen, Sympathie zeigen, Begehrlichkeit wecken, 978-3-8423-7152-1, Euro 13,50; 100 Seiten A5

Dschungel-Knigge [2100] Vom Umgang in ungewohnter Umgebung, 978-3-7357-7931-1, Euro 29,95; 194 Seiten A5

Selbstbewusstsein Knigge [2100] **Ich bin, ich kann, ich will.** Das eigene Leben bestimmen, Soft Skills, The Winner, 978-3-8391-1188-8, Euro 17,90; 120 Seiten A5

Klo- und Pinkel-Knigge [2100] Vom privaten und öffentlichen Bedürfnis - Umgangsformen im Tabu-Bereich, 978-3-8423-7156-9, Euro 13,50; 104 Seiten A5

Der Dicke-Knigge [2100] Aus dem prallen Leben des Dicken, 978-3-7357-7048-6, Euro 15,90; 104 Seiten A5

Leben und Lifestyle

  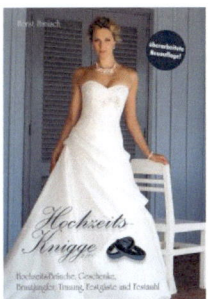

 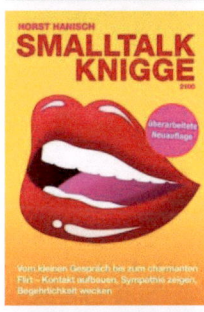 

Rhetorik, Moderation, Soft Skills, Hochschule

Rhetoric – Mastering the Art of Persuasion 144 Seiten A5, kartoniert, Zeichnungen

D: 978-3-8330-1024-8 Euro 17,90; E: 978-3-8334-8262-5 Euro 22,90

Moderation ist Gold Gesprächsführung, Umfragen, Talkrunden und Manipulation

Discussion – Mastering the Skills of Moderation 144 Seiten A5, kartoniert, Zeichnungen

D: 978-3-8330-1023-1 Euro 17,90; E: 978-3-8370-8659-1 Euro 22,90

Körpersprache - und ihre Geheimnisse Was die Sprache des Körpers verrät – und wie sie gedeutet werden kann

Body Language 144 Seiten A5, kartoniert, ca. 290 Fotos

D: 978-3-8370-6243-4 Euro 17,90; E: 978-3-8370-6336-3 Euro 22,90

Das große Buch der Rhetorik [2100] Tacheles reden; Präsentieren; manipulieren und überzeugen, 978-3-8448-0123-1, Euro 37,45; 332 Seiten A5, kartoniert, viele Darstellungen

Trickreiche Rhetorik [2100] Psychologische Gesprächsführung, manipulierende Darstellung, unaufdringliches Nudging, 978-3-7347-6659-6, Euro 37,45: 300 Seiten A5, kartoniert, Zeichnungen

Soft Skills-Knigge [2100] Soziale, Persönlichkeit, Selbstmanagement, 978-3-8482-0342-0, Euro 37,45; 324 Seiten A5, kartoniert, viele Darstellungen

Team und Typ-Knigge [2100] Ich und Wir, Typen und Charaktere, Team-Entwicklung, 978-3-8482-0378-9, Euro 19,70; 128 Seiten A5, kartoniert, viele Darstellungen

Hochschul-Knigge [2100] Studentischer Umgang in und außerhalb der Hochschule am Beispiel der Cologne Business School, 978-3-8482-6392-9, Euro 15,95; 132 Seiten A5, kartoniert, Fotos

Beruf- und Karriere-Knigge [2100] Schule und Studium, Netzwerk und Klüngel, Erfolg und Risiken, 978-3-8391-4005-5, Euro 29,70; 288 Seiten A5, kartoniert, Zeichnungen, Checklisten

Bewerbungs-Knigge [2100] **für Frauen – Tina bewirbt sich**   **Bewerbungs-Knigge** [2100] **für Männer – Tom bewirbt sich**

Vorbereitung, Wahl der Kleidung, Verhalten beim Bewerbungsgespräch. Je Euro 19,70; 128 Seiten A5, kartoniert, Fotos, Checklisten

978-3-7386-2020-7   978-3-7322-4270-2

Rhetorik, Moderation, Soft Skills, Hochschule

Englisch:

4 Ratgeber in der Ego-Management-Reihe

Persönlichkeits-Management – Ego-Knigge ^{2100} Soft Skills, Selbst-Reflexion und Selbst-Bewusstsein, 978-3-8482-0680-3

Stress-Management – Ego-Knigge ^{2100} Lampenfieber, Stressoren, Gerüchte, Mobbing, Burnout, Stressvermeidung, 978-3-8482-0682-7

Zeit-Management– Ego-Knigge ^{2100} Umgang mit der Zeit, Organisation von Arbeitsabläufen, Perfektionismus, Zielsetzung, 978-3-8482-0683-4

Gedächtnis-Management – Ego-Knigge ^{2100} Gehirn, Intelligenz, Schwach-sinn – Hochbegabung, Gedächtnis, Lerntechniken, 978-3-8482-0684-1

Jeder Ratgeber Euro 14,90, 104 Seiten, A5, kartoniert

3 Ratgeber Bräutigam, Braut und Brautpaar

Bräutigam-Knigge ^{2100} Verlobung und Polterabend, Schwiegereltern und das Ja-Wort, Hochzeits-Outfit und Hochzeits-Kutsche, 978-3-7357-4083-0

Braut-Knigge ^{2100} Brautkleid und Accessoires, Das große Hochzeitsfest, Höhepunkte und Hochzeitstanz, 978-3-7357-4127-1

Brautpaar-Knigge ^{2100} Historisches und Sonderbares, Planung und Organisation, Aberglaube und Hochzeitsbräuche, 978-3-7357-4128-8

Jeder Ratgeber Euro 15,90, 104 Seiten, A5, kartoniert (E-Book € 12,99)

Beratung, Coaching, Seminare

Wer hat nicht gerne mit Menschen zu tun, die selbstbewusst und selbstsicher mit anderen Menschen umgehen?

Geschäftspartnern, die die elementaren Regeln des ‚Benimms' beherrschen, stehen die Türen zum Erfolg offen.

seit 1987
Horst Hanisch Seminare

Unternehmen, die neben ihrer fachlichen Leistung auch ‚menschlich' überzeugen wollen, bieten wir für ihre Mitarbeiterinnen und Mitarbeiter aktives Training im Umgang mit Kunden, Gästen, Kollegen und Gesprächspartnern an.

Auf unserer Website informieren wir Sie über unsere Angebote:

- Firmen-Internes-Training
  - ➢ Business-Etikette und das Lehrmenü
  - ➢ Präsentieren, Moderieren, Kommunizieren
  - ➢ Körpersprache und ihre Geheimnisse
- Offen ausgeschriebene Seminare
  - ➢ Teuflische Rhetorik
  - ➢ Flottes Reden vor und zu anderen
  - ➢ Der erste Eindruck
  - ➢ Ladies Power
- Individuelles Einzelcoaching
  - ➢ Authentisches Auftreten
  - ➢ Dress for success
  - ➢ Verhandlungstechniken
  - ➢ Persönlichkeit

- Interkulturelles Training
- Freundlichkeits-Checks in Unternehmen
- Workshops
  - ➢ Soft Skills
  - ➢ Team-Training
- Intensiv-Training für
  - ➢ TV-Auftritte
  - ➢ Vorträge
  - ➢ Präsentationen
  - ➢ Reden
- Fachliteratur und Arbeitsunterlagen
- Vorträge
  - ➢ Vor kleinem und vor großem Publikum

Beratung, Coaching, Seminare

Individuelles Coaching für Einzelpersonen

Und, wer es ganz individuell mag, greift zurück auf ein Einzel-Coaching. Hier werden ganz persönliche Probleme angegangen, mit Themen wie:

Horst Hanisch Seminare
seit 1987

- Interkulturelle Kompetenz,
- Selbstsicheres Auftreten,
- Der Erste Eindruck,
- Präsentations-Techniken,
- Bewerbungstraining,
- Erfolgreiche Verhandlungsführung,
- Rhetorik und Überzeugungskraft

und andere Themen – direkt auf die besonderen Bedürfnisse des Einzelnen zugeschnitten.

Besuchen Sie uns auf
www.knigge-seminare.de

bei Google play

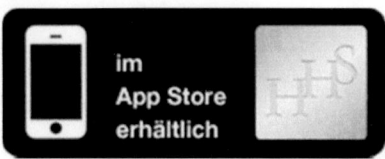

im App Store erhältlich